中外巨人传

曹 植

何 静 著

辽海出版社

图书在版编目（CIP）数据

曹植 / 何静 著. —沈阳：辽海出版社，2014.8
（中外巨人传）
ISBN 978-7-5451-3035-5

Ⅰ. ①曹⋯ Ⅱ. ①何⋯ Ⅲ. ①曹植（192～232）—传记
Ⅳ. ①K825.6

中国版本图书馆 CIP 数据核字（2014）第 167241 号

责任编辑：柳海松
责任校对：顾　季
装帧设计：马寄萍

出 版 者：辽海出版社
　　　地　　址：沈阳市和平区十一纬路 25 号
　　　邮　　编：110003
　　　电　　话：024-23284473
　　　E-mail:dyh550912@163.com
印 刷 者：天津海德伟业印务有限公司
发 行 者：辽海出版社

幅面尺寸：165mm×230mm
印　　张：10
字　　数：115 千字

出版时间：2016 年 5 月第 1 版
印刷时间：2019 年 1 月第 2 次印刷
定　　价：25.00 元

版权所有　翻印必究

目 录

001 前 言

001 第一章 曹植的人生经历
002 一、"生乎乱、长乎军"的童年生活
004 二、意气风发的邺中生活
005 （一）随军出征
005 （二）邺下游宴
010 （三）立嗣之争
016 三、仰人鼻息的后期生活
016 （一）曹丕统治时期
020 （二）曹叡统治时期

022 第二章　曹植的文学思想

022 一、对于文学的价值和社会功用的认识

025 二、对于文质关系的认识

026 （一）曹植对"质"的要求

027 （二）曹植对"文"的要求

028 （三）对声律的重视

030 三、对民间文学的认识与重视

032 四、重视文学批评与文学创作的关系

035 第三章　曹植与建安文学

035 一、建安时代

037 二、建安风骨

041 三、"三曹"与"七子"

053 四、曹植的文学创作与建安文学

056 第四章　曹植的诗歌

056 一、曹植诗歌的思想内容

056 （一）前期诗歌创作

058 （二）后期诗歌创作

067 二、曹植诗歌的艺术特色

067 （一）"骨气齐高"的阳刚美

069 （二）"词采华茂"的风韵美

073 第五章　曹植的辞赋成就

073 一、题材广泛、内容丰富

073 （一）感时赋

076 （二）咏物赋

080 （三）爱情婚姻赋

083 二、抒情写志、体式多样

088 三、千古伤心《洛神赋》

093 第六章　曹植的散文成就

093 一、辞清而志显的章表

098 二、文约义雅的颂、赞

101 三、内容深刻、形式多彩的序

104 四、意气俊爽的书信　通达圆融的论说

109 五、文润义雅的铭　辞清情哀的诔

112 六、辞华情至的哀辞及其他

115 第七章 曹植的家世

120 附录一　三国志·魏书·陈思王植传
130 附录二　曹植年表

前　　言

在中国文学史上，曹植是天才偶像一般的存在。他生于乱世，长于王侯之家，在群雄逐鹿、三国纷争的时代以文人的才情和风骨傲然独立。他才高八斗，七步成诗，一篇《洛神赋》流传千古，成为建安文学乃至魏晋南北朝文学的扛鼎之作。他的文学创作，写理想，抒豪情，慷慨高歌不减其父；写离愁，抒别怨，柔情丽质，不减其兄。

曹植的一生，在政治上用力甚勤，一心想要建功立业，留名青史，却始终不得施展之机，是个蹩脚的政治家；满腹才华，却从来不把自己当做纯粹的文人，在无意之中成为第一流的作家。

动荡不安的社会大环境、父亲慷慨激昂的英雄气概的激励以及儒家"三不朽"道德观念的影响，使得为国建功立业成为曹植一生执着追求的生命理想。他曾自言"犹庶几戮力上国，流惠下民，建永世之业，流金石之功"。曹植希望建立丰功伟业，在后世子孙的敬仰中获得精神生命的不朽，实现其生命的终极价值，而不仅仅是"以翰墨为勋绩，以辞赋为君子"。

然而理想和现实往往是有差距的。曹植虽然对政治一直怀有饱满的热情，从未放弃自己政客的身份，即使在受到打压极端郁闷的情况下也未曾抛弃建功立业的理想，但他的一生基本没有政治功绩。早期虽然受到曹操

的重视，但彼时年纪尚小，未能担当大任；后期受曹丕、曹叡父子的压制，没有参政的机会。在他执着追求的政治上，他可以说是一事无成。政治理想与现实的失意伴随曹植的一生。

而在"退而求其次"的文学方面，他却取得了不凡的成就。曹植"少小好为文章"，"年十余岁，诵读诗论及辞赋数十万言"。建安十五年（公元210年），随父登铜雀台作赋，"植援笔立成，可观"，因而一举成名，引领风骚，成为建安文坛上最有成就也最具影响力的文人。他继承了先秦《诗》《骚》的优秀文学传统，又从两汉乐府民歌中汲取营养，"骨气奇高，词采华茂"，兼收并蓄，从内容与形式两个方面丰富了诗赋，从而为六朝隋唐文学开辟了前进的道路。钟嵘在《诗品》中称赞他的诗歌"骨气奇高，词采华茂，情兼雅怨，体被文质"。这些"骨气奇高"的诗篇成就了曹植在中国文学史上的地位，就像余冠英在《汉魏六朝诗论丛》中所说，曹植是"第一个以诗为事业的人，诗终于使他不朽"。

曹植一心想成为建功立业的政客，因而建功立业的政治理想的抒发成为他文学创作的主题。曹植人生的前半段，生活优裕，上有父母宠爱，下有好友相从；纵马则随父南征北战，提笔则与友吟诗作赋。彼时的曹植壮志在胸，意气昂扬，热情奔放，对前途十分自信，因此，这个时期的文学创作主要歌唱他的理想和抱负，洋溢着乐观浪漫的情调。《文心雕龙·明诗》云："并怜风月，狎池苑，述恩荣，叙酣宴，慷慨以任气，磊落以使才。"然而，到了生活的后期，曹植的人生发生了很大的变化。曹丕父子当权，曹植多次改变封号，迁徙封地，虽几番上表求自试，希望为国效力，然终不能得。这种处境使他郁郁寡欢，忧愤日增。"忠而见疑，信而被谤"，名为王侯，实为囚徒，更谈不上为国效力，施展抱负了。因此，他这一时期的文学作品，主要是表达由理想与现实的矛盾所激起的悲愤，呈现出慷慨悲壮的时代风格，代表他文学的最高成就。

曹植的一生是政治理想与文学成就交织伴随的一生。他热衷政治,却从来都没有机会施展抱负,但始终不忘初心;他无意于文学,却成就甚高;他在理想与现实之间游走,在"政客"与"文人"之间挣扎。

第一章　曹植的人生经历

曹植，字子建，沛国谯（今安徽亳州）人，三国时魏武帝曹操的第三子，魏文帝曹丕的弟弟，生前曾为陈王，去世后谥号为"思"，因此又称陈思王。曹植是三国时期曹魏的著名文学家，建安文学的代表人物。后人因其文学上的造诣而将他与曹操、曹丕合称为"三曹"。

曹植生于汉献帝初平三年（公元192年），卒于魏明帝太和六年（公元232年）。他的一生历经汉献帝、魏文帝、魏明帝三位君主。而在汉献帝时期，献帝刘协年幼，皇室衰微。曹操迎献帝到许昌，"挟天子以令诸侯"，以丞相之名，行皇帝之实，在实际上掌控着国家的统治权。也就是说，曹植的一生，实际上分别处于曹操、曹丕、曹叡的曹氏家族统治之下。在他生活的时代，社会的前后变化很大，而他个人的人生遭遇，也是相当地波澜曲折。以建安二十五年（公元220年）曹丕即位为界，曹植的一生，可分为前后两期：前期，他在父亲曹操的庇护下，宴饮游乐，与友人诗赋唱和，过着贵公子的生活；后期则是在曹丕（文帝）、曹叡（明帝）父子的严重猜忌中，时时小心，处处谨慎，虽然位列藩王，却身如囚徒。

一、"生乎乱、长乎军"的童年生活

曹植出生在军阀混战的年代。汉献帝初平三年（公元192年），中国正处于历史上最混乱的局面之中。东汉王朝风雨飘摇，外戚和宦官先后执掌政权，统治者内部矛盾重重，阶级矛盾更是异常尖锐，州牧割据，彼此混战。当时，董卓屯兵凉州，在灵帝末年的十常侍之乱时受大将军何进之召率军进京，旋即掌控朝中大权。董卓为人残忍嗜杀，倒行逆施，招致群雄联合讨伐，而蜂起讨伐董卓的关东州郡各路联军，各怀异志，在同董卓军队正面交锋之前，就已经为各自的利益不断发生混战，掀起了新的兼并战争。全国各地，战祸延绵，人民妻离子散，四处逃亡，或死于乱军之中，或死于饥荒疠疫，以致于出现了"白骨露于野，千里无鸡鸣"（曹操《蒿里行》）的悲惨社会景象。初平三年（公元192年）四月，董卓被其部将吕布和汉朝大臣王允等合谋杀死，接着董卓的部将李傕、郭汜等率兵进入长安，吕布逃跑，王允被杀；但李傕、郭汜又为争夺控制朝廷大权，互相火并。而作为关东群雄之一的曹操，当时正在参与对黄巾农民起义的镇压。就在此时，曹操的夫人卞氏，生下了第三个儿子，取名植，字子建。

那时，曹操在北方尚未打好根基。他靠袁绍的支持，才得了个东郡太守的官职，但实际上并无稳固的根据地。为了安全着想，他的妻子儿女全都随军行动。因此，曹植自幼就同兄弟们一道，经常随军辗转迁徙，居无定所，受着紧张而充满危险的战争生活的锻炼。正如曹植自己所说："生乎乱，长乎军。"（《陈审举表》）曹丕也曾说："生于中平之季，长于戎旅之间。""以时之多故，每征，余常从。"曹丕、曹植兄弟的童年就是在这种戎马倥

偬的军旅生活中度过的。这种生活,一直持续到曹操击败他的主要对手袁绍,攻克袁氏父子经营多年的邺城,并把自己的大本营安放在那里为止。其时是建安九年(公元204年),曹植已经十三岁了。

曹植的这段童年生活,对他的一生影响很大。他在随军途中,目睹战乱给百姓带来的灾难,给他幼小的心灵带来极大的震撼。他早期的一些作品对战乱的灾害和百姓的困苦生活多有反映,如《送应氏》(其一),描写了洛阳遭董卓之乱以后的荒凉景象,从中可深深地感受到这个少年诗人对百姓的同情和对社会生活严肃的态度。他关注社会民生,对民不聊生的社会现实予以揭露,对劳苦民众寄予深深的同情。童年的戎伍生活使曹植从小就立下了济世安民的远大志向:"庶几戮力上国,流惠下民,建永世之业,流金石之功。"他的身上洋溢着英雄情结和功名思想,这样的人生理想成为他的精神支柱,贯穿他的一生,即使在他后期饱受迫害、身心遭受重创的时候,仍然初心不改,支撑着他在以后多舛的命运中顽强地生存下去。

在父亲曹操的荫庇和影响下,曹植从小就受到了很好的家庭教育。曹操一生戎马倥偬,但丝毫不影响他对文学的喜爱,他"昼则讲武策,夜则思经传,登高必赋,及造新诗,被之管弦,皆成乐章",这对童年的曹植产生了很大的影响。曹植自小非常聪慧,才十岁出头,就能诵读《诗经》《论语》及先秦两汉辞赋,诸子百家也曾广泛涉猎。他思路敏捷,谈锋健锐,见曹操时每被提问常常应声而对,脱口成章。曹植在文学创作上的天赋很早就已显露出来,一次,曹操看到他的文章,问他:"这是你请人代写的吗?"曹植以为父亲不信任自己,感到非常委屈,跪着回答

说:"言出为论,下笔成章,父亲若是不相信,可以现场考考我,怎么说我是请人代写的呢?"曹操仍然将信将疑,于是铜雀台建好之后,曹操便带领几个儿子一起登台,曹植现场作《登台赋》,气势和文采都让曹操大为震惊。

当然,作为一位军事家,曹操也非常注重对曹植的政治军事才能的培养。曹植曾云:"数承教于武皇帝,伏见行师用兵之要,不必取孙吴而闇与之合,窃揆之于心。"(《陈审举表》)父亲的言传身教,随军出征的军旅生活,不仅增加了曹植的军事素养,也坚定了他要建功立业、济世安民的政治理想。

二、意气风发的邺中生活

邺城是魏郡的都邑,冀州州邑也在此地。东汉末年战火绵延全国,大小城镇甚至洛阳长安两座都城都遭到严重破坏,而邺城则是一个相对幸运、甚至可以说是保存了一定繁荣的都市。当时曹操的丞相府,以及后来的魏公府、魏王府,都设于此。曹操手下的文武要员,除一部分人镇守四方以及在许都执行监视汉献帝的任务外,大部分都聚集于邺城,所以这里又是冠盖辐辏之地,是曹魏政权实际上的统治中心。邺城的政治地位十分重要,而这里的文学空气也颇浓厚。

从建安九年(公元 204 年)到建安二十四年(公元 218 年),曹植一直生活在邺城。在此期间,曹植或随父出征,驰骋沙场;或与友交游,饮酒赋诗,往来唱和。在邺城度过的这十四年时间,正好是曹植的少年和青年时期,也是他一生中生活最为惬意舒适、无拘无束的时光。

（一）随军出征

邺城，曾是袁绍统治集团的盘踞之地。曹操攻取邺城之后，便把此处作为自己的根据地，家眷也跟随他安定下来。然而他并没有因为有了邺城而停下脚步，继续东征西讨，逐渐统一北中国，因而曹植同众兄弟也时常随军出征。

进入邺城的第二年，即建安十年（公元205年）正月，曹植就随曹操征袁谭，攻南皮，追杀袁谭，平定冀州。此时曹植只有十四岁。建安十二年（公元207年），曹植随曹操北征三郡乌桓。此次出征大获全胜，为此，曹操曾引吭高歌，写下了《步出夏门行》等诗篇。建安十六年（公元211年），曹植二十岁，被封为平原侯。这年七月，曹操率军西征马超，曹植抱病随父出征。建安十七年（公元212年），曹植又同兄长曹丕一起，随父东征孙权。曹植曾在《求自试表》中说："昔从先武皇帝，南极赤岸，东临沧海，西望玉门，北出玄塞，伏见所以行师用兵之势，可谓神妙也。"可见，曹植的足迹遍及四方。建安十九年（公元214年），曹植徙封临淄侯。这年七月，曹操征孙权，留曹植守邺城。

曹植在邺城时期，或随父出战，或担当留守的重任，不仅锻炼了自己的军事才能，同时，对社会和人生有了更加深刻的认识和了解，也为他的文学创作积累了丰富的素材。

（二）邺下游宴

在曹操的悉心经营之下，邺城很快崛起，成为北方一个新的政治文化中心。曹操以坦诚之心渴慕人才，俊贤才士纷至踏来，汇聚在邺城，从而逐步形成了一个文学家集团——邺下文人集团。

这个集团的主要成员有王粲、刘桢、徐幹、陈琳、阮瑀、应场等人，还有女诗人蔡琰，人数将近百人。他们受曹操任用，或在政府、军队中担任各种职务，或做曹丕、曹植兄弟的亲随文学侍从。据《三国志》记载："始文帝（曹丕）为五官将，及平原侯植皆好文学。粲与北海徐幹字伟长、广陵陈琳字孔璋、陈留阮瑀字元瑜、汝南应场字德琏、东平刘桢字公幹并见友善。"同时，"亦有文采"的丁仪、丁廙、杨修、"以文才为文帝所善"的吴质等，也都在这个集团中。除此之外，潘勖、蒋济、王象、王观、卫觊、刘劭、缪袭等也都是一时文才，或多或少参与了邺下之游。由于众多文士来集，从而形成了群星闪烁、文才济济的局面。刘勰《文心雕龙·时序》说："自献帝播迁，文学蓬转；建安之末，区宇方辑。魏武以相王之尊，雅爱诗章；文帝以副君之重，妙善辞赋；陈思以公子之豪，下笔琳琅。并体貌英逸，故俊才云蒸。"钟嵘《诗品·总论》说："曹公父子，笃好斯文；平原兄弟，郁为文栋。刘桢、王粲，为其羽翼。次有攀龙托凤，自致于属车者，盖将百计。彬彬之盛，大备于时矣。"这两段话都描述了由于曹操父子的罗致而使文士四方来集、文学创作大盛的情景，反映了当时的盛况。

邺下文人集团是曹操一手扶植起来的，因此曹操是这个集团的当然领袖。但是由于曹操地位很高，年岁越来越大，政务军务繁忙，不可能真正成为这个集团的一分子，实际参与他们开展的诸多活动。而曹丕、曹植兄弟年纪尚轻，余暇较多，具体组织了很多文学活动，成为这个集团实际上的核心。这样，邺下文人平时各自办理公事，包括随同曹操一起南北转战、东征西讨。公事之余，则在曹操的认可和支持下，聚在一起，宴饮游乐，诗赋唱

和。

建安十三年（公元208年），曹操开凿了玄武池，用来训练水军。建安十五年（公元210年）冬，曹操在城西北角构筑了铜雀台，台高十丈，台下有园，称铜雀园或西园。不久，曹操又修长明沟，西引漳水，向东流经铜雀台下。建安十八年（公元213年），曹操命西部都尉从事梁习从上党运送大木供修筑邺城宫室，又在铜雀台南面构筑了金虎台，又称金凤台。建安十九年（公元214年），又在铜雀台北面构筑了冰井台，台下有冰室，冰室内有井，储藏冰块和煤块。铜雀台、金虎台和冰井台实际上是别墅一类的建筑，它们的构筑为邺城平添了一层文化氛围，也为文士们提供了一个游宴赋诗的理想场所。每当天气晴和之日，月朗风清之夜，他们就前呼后拥而至，饮酒听乐，吟诗作赋，纵论学术，品评文学，气氛热烈，其乐融融。

曹植是这个文人集团的核心人物，经常参加聚会，他的很多作品都记录了当时的美好情景。《公宴》诗云："公子敬爱客，终宴不知疲。清夜游西园，飞盖相追随。明月澄清影，列宿正参差。秋兰被长坂，朱华冒绿池。潜鱼跃清波，好鸟鸣高枝。神飙接丹毂，轻辇随风移。飘飘放志意，千秋长若斯。"描绘了一幅月光下花园风物的生动画面，抒写了肆意畅游的欢快心情，读之令人悠然神往。《娱宾赋》则描绘了当时的游乐场面："感夏日之炎景兮，游曲观之清凉。遂衍宾而高会兮，丹帷晔以四张。办中厨之丰膳兮，作齐郑之妍倡。文人骋其妙说兮，飞轻翰而成章。谈在昔之清风兮，总贤圣之纪纲。……听仁风以忘忧兮，美酒清而肴甘。"其情其景，仿佛就在眼前。

英国戏剧大师萧伯纳说过，如果你有一个苹果，我有一个苹

果，彼此交换，那么每人只有一个苹果，如果你有一个思想，我有一个思想，彼此交换，我们每个人就有了两个思想，甚至多于两个思想。可见，朋友间的相互交流，既是才能和学识的互补，又是智慧和创造力的递增。因此，频繁的宴集、游览、游戏等活动，为文人竞相创作、相互批评与切磋提供了很好的机会。他们在宴游之时，往往当即赋诗，因此出现了许多唱和之作，如他们在游铜雀园时，曹丕写下了《芙蓉池作》，曹植与此诗唱和，写出了《公宴》诗。曹植写有《斗鸡诗》，刘桢、应场也写有《斗鸡诗》。曹丕为太子时，在北园及东阁讲堂并赋诗，常"命王粲、刘桢、阮瑀、应场等同作"。阮瑀薄命早亡，曹丕感存其遗孤，怆然伤心，写出了《寡妇赋》，并"命王粲并作之"。再有，曹丕、曹植、王粲、陈琳、应场等都写有《迷迭香赋》；曹丕、陈琳写有《玛瑙勒赋》；曹丕、王粲、丁廙等都写有《弹棋赋》等。在同题、同旨共作中，文人的学识与才能更加凸显，同时还能达到彼此切磋、相互交流的目的，从而激发创作者的创作热情，提高创作的质量，促进文学的发展。

朋友的交往，不仅仅是情深意厚的情感的交融，更是志趣相投的"道"的契合。孔子说"道不同，不相为谋"（《论语·卫灵公》），曹植与邺下诸子，都爱好文学，而且人生追求、价值取向基本一致。建安诸子大多是以建功立业、成就功名为理想，都有强烈的社会责任感和自我意识。价值取向的一致性，使得他们的交游焕发出更多的光彩。曹植虽贵为公子，却能做到以平常心和这些文人们相处，关系非常亲密融洽。如他在《赠徐幹》一诗中写道："亲交义在敦，申章复何言。"在《赠丁廙》中写道："嘉宾填城阙，丰膳出中厨，吾与二三子，曲宴此城隅。"又如曹植会

见邯郸淳的情景，更能看出曹植对文人的坦诚相待。邯郸淳是当时的著名文人，为曹操所敬重。他从荆州来归顺曹操。曹植早就听说过邯郸淳的文名，想要见见他。曹操就让邯郸淳去见曹植。曹植看到邯郸淳非常高兴，"延入坐，不与先谈。时天暑热，植因呼常从取水自澡讫，傅粉。遂科头拍袒，胡舞五椎锻，跳丸击剑，诵俳优小说数千言"。这一系列的活动之后，他才穿戴上衣帽，整理一下仪容，与邯郸淳交谈。"评说混元造化之端，品物区别之意，然后论羲皇以来圣贤名臣烈士优劣之差，次颂古今文章赋诔及当官政事宜所先后，又论用武行兵倚伏之势。"畅谈之后，天色已晚，于是曹植"乃命厨宰，酒炙交至，坐席默然，无与伉者"。曹植性格随和，坦诚，不摆架子，不崇尚华丽的车马服饰，对待文士真诚热情、礼遇有加，毫无贵公子那种盛气凌人的恶习。为此，也赢得了文士们的欢心和拥戴。曹丕、曹植兄弟与文士们虽有名义上的主臣之分，但实际上更多的是一种文友关系。他们饮酒高会，品评诗文，在自由无拘的氛围，促进了建安文学的繁荣与文学思想的发展。

建安二十四年（公元 219 年），杨修被杀。不久，曹操病逝，丁仪、丁廙被杀；紧跟着曹丕称帝，曹植就国，政治中心从邺城转移到洛阳，邺下之游从此销声匿迹。但邺下之游的欢快场景，却给后人留下了深刻印象。谢灵运在《拟魏太子邺中集序》中说："建安末，余时在邺宫，朝游夕宴，究欢娱之极。天下良辰、美景、赏心、乐事，四者难并，今昆弟朋友，二三诸彦，共尽之矣。古来此娱，书籍未见。"

曹丕、曹植兄弟与邺下诸子"不及世事""美遨游"，产生了一个积极的成果，这就是促进了建安文学的全面发展。他们同题

竞作，彼此切磋，一赠一答之间作品数量大大增加，并且在许多方面呈现出崭新的面貌，也因此出现了我国最早的文学集。曹丕在徐、陈、应、刘去世后，"顷撰其遗文，都为一集"；曹丕自己"论撰所著典论诗赋，盖百余篇"；曹植把自己的辞赋经过删定，"别撰为前录七十八篇"（《前录自序》）。文集的出现，有利于文学的更广泛传播。由于邺下文人关系密切，常有思想、感情、主张需要交流，因此这一时期还出现了一个书信体散文创作的高潮。现在可以看到的有曹丕的《与吴质书》《又与吴质书》（二篇）《答繁钦书》《答杨修书》《与王朗书》，曹植的《与杨德祖书》《与吴季重书》《与陈孔璋书》《报陈孔璋书》《与丁敬礼书》，陈琳的《答东阿王笺》，繁钦的《与魏太子书》，刘桢的《与曹植书》《谏曹植书》《答魏太子丕借廓落带书》，吴质的《答魏太子笺》《在元城与魏太子笺》《答东阿王书》，杨修的《答临淄侯笺》等。这些书信大多文辞优美，娓娓而谈，抒情写景，真挚生动，具有很强的艺术感染力，是不可多得的抒情散文佳作。而且，这些书信往往涉及到文学问题，是重要的文艺理论批评著作。曹植就曾在《与杨德祖书》中，谈了他对辞赋创作、文艺批评的看法。

（三）立嗣之争

在快乐的游宴、饮酒、写诗、和赋的表象下，有一件关乎曹氏兄弟命运的大事——立嗣之争。立嗣是关系到国家兴衰的重要事情。曹操占据邺城之后，实力越来越强大，到建安十三年（公元208年）止，基本上统一了北方。斗转星移，他的年岁越来越大，选择继承人的事情也就随之而来。他深知选择什么样的接班

人，是关系到能否接替他继续完成统一大业的重要问题。所以，曹操对这件事非常谨慎，一直在物色合适的人选。

曹操的长子曹昂，天资聪颖且性情谦和，深得曹操喜爱，二十岁时即举孝廉。按照中国封建社会"立嫡以长"的观念，曹昂是世子之位的不二人选。然而，建安二年（公元197年），曹昂随曹操出征张绣，张绣投降，曹操纳了张绣的叔父张济的遗孀邹夫人为妾，张绣因此怀恨曹操。曹操听说张绣不高兴，就准备秘密杀掉张绣。结果计划泄漏，张绣偷袭曹操，曹操战败，他的坐骑也因为张绣军队的伏击而身亡。曹昂主动将自己的战马让给父亲逃脱，步行保护父亲脱身，与大将典韦一同战死于宛城。

曹昂战死之后，曹操在选择继承人的问题上，首先考虑的是聪明睿智的小儿子曹冲。曹冲，字仓舒，是环夫人所生，比曹植小五岁，比曹丕小十岁。他"少聪察岐疑"，少年老成，五六岁时，"智意所及，有若成人之智"。小小年纪便能想出称象的办法，在历史上传为佳话。他心地善良，见识通达，据史书记载："冲每见当刑者，辄探睹其冤枉之情而微理之。及勤劳之吏，以过误触罪，常为太祖陈说，宜宽宥之。辨察仁爱，与性俱生"，本应犯罪被杀，却被曹冲暗中分辩事理而得到帮助宽宥的，前后有几十人。善良的本性，"有殊于众"的俊逸容貌，让他深得父亲宠爱。曹操早就有让他继承大业的打算，曾"数对群臣称述，有欲传后意"。然而，世事难料，曹冲在建安十三年（公元208年）的时候不幸因病早夭。曹操痛失爱子，非常悲伤。曹丕宽慰他时，他说："此我之不幸，而汝曹之幸也。"说完又痛哭流涕。曹操这两句话，指向意思很明显。对此，曹丕心中十分清楚，因而在他当了皇帝之后，常常说"若使仓舒在，我亦无天下"。

曹冲死后，曹操不得不把选择的目光投向了其他儿子，其中表现最为出众的便是曹丕、曹植两兄弟。

起先，更加吸引父亲目光的是曹植。曹植天资聪颖，"文才富艳"。十几岁时就能"读诗、论及辞赋数十万言"。他才思敏捷，"言出为论，下笔成章"。建安十五年（公元210年）冬天，铜雀台建成，曹操有意想考察一下儿子们的才华，于是"悉将诸子登台，使各为赋"，曹植当然没有让父亲失望，他的《登台赋》"援笔立成"，而且写得十分精美，曹操"甚异之"，心中对他的喜欢更添了一分。

曹植性情坦率自然，不讲究庄重的仪容，车马服饰，不追求华艳、富丽。虽然地位尊贵，却没有一般纨绔子弟的劣习，因此他很受曹操的喜爱。建安十六年（公元211年），曹植被封为平原侯。建安十九年（公元214年），徙封临淄侯。曹操征孙权时，留下曹植驻守邺城，还用自己年轻时的经历来勉励他："吾昔为顿丘令，年二十三。思此时所行，无悔于今。今汝亦年二十三矣，可不勉与！"可见曹操对曹植是寄托着厚望的，曾认为他是"儿中最可定大事"者，并"几为太子者数矣"。

与曹植关系密切的丁仪、丁廙、杨修等人，聚集在曹操周围，不断夸赞曹植，用他们自己的方式帮助曹植争取世子之位。《三国志》卷十二《魏书·邢颙传》中记载："初，太子未定，而临淄侯植有宠，丁仪等并赞翼其美。"丁仪与曹植的关系亲善，多次向曹操称赞他的奇才。世子未立之时，曹操"既有意欲立植，而仪又共赞之"。丁仪的弟弟丁廙，也向曹操进言："临淄侯天性仁孝，发于自然，而聪明智达，其殆庶几。至于博学渊识，文章绝伦。当今天下之贤才君子，不问少长，皆愿从其游而为之死，实

天所以钟福于大魏,而永授无穷之祚也。"当曹操回答说:"植,吾爱之,安能若卿言!吾欲之为嗣,何如?"丁廙则认为曹操的想法是"发明达之命,吐永安之言,可谓上应天命,下合人心,得之于须臾,垂于万世者也"。杨修也认为曹植"少长贵盛,体旦发之质,有圣善之教",是一位"殊绝"之人。

当时,与曹植争夺世子之位的最强劲的对手是他的同母兄长曹丕。曹昂死后,曹丕成为曹操最年长的儿子,因此具有竞争世子的先天优势,而且他在文学、政治、军事等方面同样十分优秀。

曹丕虽然在才气方面略输曹植,但在政治方面却较曹植更有谋略。他在朝廷大臣中四处活动,使"宫中左右,并为之说"。贾诩是曹操很看重的一个大臣,曹丕为了登上世子之位曾经让人问贾诩"自固之术",贾诩说:"愿将军恢弘崇德,躬素士之业,朝夕孜孜,不违子道,如此而已。"曹丕听后,觉得很有道理并按照他说的来做。他深知自己的长子身份所具有的优势,以袁绍、刘表因为"立嫡以爱"失败的事情作为前车之鉴,让自己的亲信不断在曹操面前进言。邢颙,为东曹掾,劝曹操说:"以庶代宗,先世之戒也。愿殿下深重察之!"毛玠也曾秘密劝谏曹操说:"近者袁绍以嫡庶不分,覆宗灭国,废立大事,非所宜闻。"崔琰也曾向曹操提出:"盖闻春秋之义,立子以长,加五官将仁孝聪明,宜承正统。"桓阶多次陈说曹丕"德优齿长,宜为储副",曾进谏:"今太子仁冠群子,名昭海内,仁圣达节,天下莫不闻;而大王甫以植而问臣,臣诚惑之。"这些意见,自然是很起作用的。不仅如此,曹丕自己也不甘寂寞,亲自总结袁绍嫡庶不分的教训。他在《典论·奸谗》中写道:

袁绍之子,谭长而慧,尚少而美。绍妻爱尚,数称其才。绍亦雅奇其貌,欲以为后,未显而绍死。别驾审配,护军逢纪,宿以骄侈不为谭所善,于是外顺绍妻,内虑私害,矫绍之遗命,奉尚为嗣,颍川郭图、辛评,与配、纪有隙,惧有后患,相与依谭。盛陈嫡长之义,激以细降之辱。劝其为乱,而谭亦素有意焉。与尚亲振干戈,欲相屠裂。王师承天人之符应,以席卷乎河朔,遂走尚枭谭,擒配馘图。二子既灭……(袁绍)不能抑遏愚妻,显别嫡庶,婉恋私爱,宠子以貌。其后败绩丧师,身以疾死,邪臣饰奸,二子相屠,坟土未干,而宗庙为墟,其误至矣。

这些言论对争取曹操都是极有力的。

曹丕"御之以术,矫情自饰",为了达到做继承人的目的,他和亲信又策划了一些幕后活动。在邺城期间,曹操经常出征,文武百官及曹丕、曹植等人总是要到城外为他送行。有一天,曹操准备出征,曹丕和弟弟曹植率领文武百官共同为曹操送行。临别之时,两兄弟自然要表演一番,以示对父亲的祝福和关心。于是曹植上前朗诵了一篇自己写的文章,大力歌颂曹操的功德,那篇文章辞藻华美,左右大臣赞不绝口。曹丕在旁边听了心灰意冷,他的文采风流,根本不是弟弟曹植的对手。曹丕知道自己比试文采必输,又很不甘心,正不知道如何是好,吴质走上前来,悄悄耳语:"王当行,流涕可也。"这一番话,改变了曹丕的命运,一下子让曹丕转败为胜,扭转乾坤。曹丕一听依言而行,上前行礼,曹操还等着曹丕说一些祝福的话呢,没想到曹丕趴伏在地,不发

一语，只是流泪哽咽。曹操和众位大臣一开始有些意外，可渐渐地就觉出不同来。那些亲附曹丕的臣子急忙禀告："世子仁孝，因大王远行悲戚不已，实在令人感动。"曹操一听，心下也很满意，反倒觉得曹植的文章，有些夸大其词虚情假意了。

然而，在这场政治斗争中最关键的还是曹植自己的表现。曹操曾认为曹植是诸子中"最可定大事"者，数次想立曹植为太子，让他来继承自己的事业。但是曹植"任性而行，不自雕励，饮酒不节"，逐渐失去了曹操的宠爱和信任。其中最严重的就是"司马门事件"。"植尝乘车行驰道中，开司马门出。"他在曹操外出期间，借着酒兴私自坐着王室的车马，擅开王宫大门司马门，在只有帝王举行典礼才能行走的禁道上纵情驰骋，一直游乐到金门，把曹操的法令忘到了九霄云外。曹操大怒，处死了掌管王室车马的公车令，并说"始者谓子建，儿中最可定大事"，"自临淄侯植私出，开司马门至金门，令吾异目视此儿矣"。不仅如此，他又下令："诸侯长史及帐下吏，知吾出辄将诸侯行意否？从子建私开司马门来，吾都不复信诸侯也。恐吾适出，便复私出，故摄将行。不可恒使吾以（尔）谁为心腹也！"这件事情发生以后，"植宠日衰"。郦道元在《水经·瀔水注》中也曾提到"曹子建尝行御街，犯门禁，以此见薄"。这件事直接导致了他在太子之争中的失败。

建安二十二年（公元217年），曹操终于立曹丕为世子，曹植成为这场政治斗争的失败者。因为这场立嗣之争，曹丕非常忌恨曹植，曹操死后，曹丕登上王位，旋即对曹植进行了一系列的迫害，从此，曹植告别了昂扬奋发的人生阶段，陷入难以自拔的苦闷和浓浓的悲愁中。

当然，立嗣之争过后，曹操还是希望曹植能够有所作为，不

负所望。建安二十四年（公元219年），曹仁被关羽包围，曹操"以植为南中郎将，行征虏将军，欲遣救仁"，曹植这时如果拿出"将领之气"，施展才能，充分表现自己的武略，或许会挽回一些曹操的宠爱，可是，当曹操"呼有所敕戒"时，曹植却"醉不能受命"，使得曹操极其愤怒和失望，撤销了对他的任命。此时的曹植，是彻底的失败了。

曹操生性多疑，好猜忌，在选择继承人问题上更是慎之又慎，本意是为了曹魏统治的长久稳定，然而他久而未决的态度，却引发了曹丕、曹植兄弟在立嗣问题上的明争暗斗，长达七八年之久。

三、仰人鼻息的后期生活

建安二十五年（公元220年）正月，曹操在洛阳病故，曹丕即王位。二月，曹丕改年号建安为元康，代汉建魏。曹操的逝世，是一代风云的终结，同时也是曹植生命的转折点。

（一）曹丕统治时期（建安二十五年至黄初七年）

由于世子之争，曹丕心中埋下了忌恨的种子，在他登上王位后对曹植进行了无情的打击。曾经备受父亲宠爱的曹植，政治地位发生了根本性的变化。他饱受猜忌、迫害，政治不得志，郁郁寡欢，开始了与前期迥然不同的人生。

曹丕在曹操活着的时候，为了得到父亲的喜爱，注重自我约束和自我管理，常常以忠厚仁孝的形象示人；然而即位以后，他性格中猜疑、妒忌的一面便显露出来，对拥戴自己的人封官进爵，对拥护曹植的人，冷酷无情，大开杀戒。例如，桓阶因多次劝曹操选择曹丕作为继承人，曹丕即位，迁桓阶为尚书令；贾诩曾教

曹丕以自固之术，又在曹操生前暗示袁绍、刘表"立嫡以爱不以长"的危害，最终使曹操下决心立曹丕为世子。所以曹丕即位，贾诩当上了太尉。吴质是曹丕的心腹，在立嗣问题上经常为曹丕出谋划策，曹丕即位后成为宠臣，官至振威将军，后来被封为列侯。

相比之下，曹丕对待政敌则毫不留情。他刚刚即位，就着手铲除异己，曹植的羽翼首当其冲地成为他疯狂报复的对象。首先是下令杀死了一向拥护曹植的丁仪、丁廙两兄弟。丁仪和丁廙，既是曹植在邺城同游的好友，又是政治上的同盟。本是亲密无间的好兄弟，如今却因自己而受牵连，无辜被害，曹植内心充满了自责、悲伤，可又无法解救朋友，无奈之下，只能发出"高树多悲风，海水扬其波。利剑不在掌，结友何须多"（《野田黄雀行》）的感叹。曹植另一位受到牵连的好友是杨俊。杨俊是南阳太守，品德非常优秀。他忠诚大度，谦和有礼，外表宽和内心正直，仁慈而不失果断。自从出仕以来，所任职的地方都被他治理得很好，两次任南阳太守，广施恩德，相邻郡县的百姓都带着孩子来投奔他。曹操还未确立世子之时，曾私下询问百官的意见。杨俊虽然分别谈出曹丕、曹植才能资质上各自的优点，没有明确说出应该立谁，但赞美曹植的话更多些。曹丕对此一直耿耿于怀，即位之后就对杨俊进行报复。黄初三年（公元222年），文帝驾临宛县，因为市场上没有繁荣安乐的景象，大怒，将杨俊逮捕入狱。尚书仆射司马宣王、常侍王象、荀纬等都为杨俊求情，叩头出血，文帝仍不肯赦免。最后，杨俊不得不说："我知罪了。"于是自杀。众人都因为他死得冤枉而痛惜。

曹丕还对曹植等宗室诸王采取严厉的防范限制政策，逼迫曹

植与诸侯并就国，派遣监国官吏，严密监视诸王的行动，并且颁布诸侯游猎不得超出三十里的规定。不仅如此，曹植还屡次受到曹丕手下的迫害和诬陷。黄初二年（公元221年），监国谒者灌均上书陷害曹植，奏"植醉酒悖慢，劫胁使者"。因为有他们的母亲卞太后求情，文帝才不得不"舍而不诛"，贬爵安乡侯。黄初三年（公元222年），曹植又"为东郡太守王机防辅吏仓辑等任所诬白"，"机等吹毛求瑕，千端万绪，然终无可言者。及到雍，又为监官所举"（曹植《黄初六年令》）。曹植处于重重危机下，接二连三地被他人诬陷，因此他在处理事情上不得不谨小慎微，过着"捷门退扫，形景相守"（曹植《黄初六年令》）的深入简出生活。在曹丕的迫害下，曹植战战兢兢，如履薄冰。相传曹丕曾命曹植在走七步路的短时间内作一首诗，作不出就要"行大法"。曹植联想到自己的处境，有感而发，应声而作："煮豆持作羹，漉菽以为汁。萁在釜下燃，豆在釜中泣。本自同根生，相煎何太急？"曹丕听了，感到很惭愧，想到昔日和曹植兄弟和睦的美好时光，就打消了处死他的念头。

这位曾经生活优裕，意气风发的贵公子，不但政治上受到迫害，而且精神上也受到摧残。曹丕在位时，曹植的封号、封地数次更换，"十一年中而三徙都，常汲汲无欢"。黄初二年（公元221年），贬为安乡侯，同年，改封鄄城侯，黄初三年（公元222年），立为鄄城王，黄初四年（公元223年），徙封雍丘王。曹植迁徙频繁，而且所迁皆贫瘠之地，给他的精神和生活都带来了极大的痛苦。他在《迁都赋》中曾自言其苦：

余初封平原，转出临淄，中命鄄城，遂徙雍丘，改

邑浚仪，而末将适于东阿。号则六易，居实三迁，连遇瘠土，衣食不继。

他的艰难处境溢于字里行间。频繁地迁徙和变动封爵，说明曹丕对他的极度不信任。他位列藩王，却形同囚徒，没有任何自由，就连给父亲祭祀的权力都没有。曹植曾经很诚恳地写了一篇《请祭先王表》：

臣虽比拜表，自计违远以来，有逾旬日垂竟，夏节方到，臣悲伤有心。念先王公以夏至日终，是以家俗不以夏日祭。至于先王，自可以今辰告祠。臣虽卑鄙，实禀体于先王。自臣虽贫窭，蒙陛下厚赐，足供太牢之具。臣欲祭先王于北河之上，羊猪牛臣自能办，杏者臣县自有。先王喜食鳆鱼，臣前已表，得徐州臧霸上鳆二百枚，足以供事。乞请水瓜五枚，白柰二十枚。计先王崩来，未能半岁。臣实欲告敬，且欲复尽哀。

曹植言辞恳切，表达了自己想要祭拜父王的心愿，可是并没有得到曹丕的应允，得到的答复竟然是"庶子不得祭宗庙"。

当时，诸侯王的待遇并不好。"时法制，待藩国既自峻迫，寮属皆贾竖下才，兵人给其残老，大数不过二百人。"（《三国志·魏书·陈思王植传》）因为"前有过"，曹植的情况比这更糟，"事事复减半"。他在《谏取诸国士息表》说："今部曲皆年耆，卧在床席，非糜不食，眼不能视，气息裁属者，凡三十七人。疲癃风靡、疣盲聋聩者二十三人。"

曹植就是在这样糟糕的情况下艰难度日的。生活上，没有富足的物质保障和人身自由，精神上得不到理解和慰藉。他此时的生活没有幸福和希望，徒留愤慨和悲伤。

(二) 曹叡统治时期（太和元年至太和六年）

黄初七年（公元226年），五月，曹丕病重，立他的长子曹叡为太子。是月，曹丕病逝。曹叡即位为帝，就是历史上的魏明帝。第二年（公元227年），改年号为太和。

曹叡登基之后，对待诸侯王的态度和曹丕基本上是一致的，就是继续进行监督和禁锢。尽管当时大臣们不断上书劝谏，陈述"亲亲显用，则安危同忧；深根固本，并为干翼，虽历盛衰，内外有辅""康勋亲亲"等道理，但都无济于事。他对待曹植的态度和他父亲一样疑虑不减。因此，曹植在太和年间的处境并没有好转，仍旧不断地迁徙封地，生活在困厄之中。

太和元年（公元227年），他从雍丘徙封浚仪，太和二年（公元228年），复还雍丘，太和三年（公元229年）徙封东阿，太和六年（公元232年）又被徙封为陈王。四年之间，四易封地。由于不断迁徙，他在每处都要费尽苦心来维持生计，所经营的田园等只能半途而废，生活十分艰难。

虽然生活困厄，但曹植渴望建功立业的政治热情依然不减。曹叡即位以后，曹植对他怀有一线希望，认为这也许是改变自己政治处境的转机，可以改变"抱利器而无所施"的现状。然而事实上，这只是曹植自己的主观想象而已。他多次拜表陈情，表达自己想要为朝廷效忠的决心，曹叡并没有给他展现政治才干的机会，对他仍严加防范和限制，处境并没有根本好转。

政治的打击、精神的苦闷以及生活的困苦，使得曹植的身体每况愈下。太和六年（公元232年）十一月，曹植胃病复发不能医治，含恨离开人世，终年四十一岁。

曹植死后，谥号为"思"，又因为太和六年（公元232年）二月，曹叡以"陈四县封植为陈王"，所以后人称他为"陈思王"。那么，什么是"思"？《资治通鉴》中引用《谥法》的解释是："追悔前过曰'思'。"可见，曹叡对这位已死的皇叔也不放过。

曹植生前留有遗言，命家人将其薄葬。曹植曾经登鱼山，临东阿，"喟然有终焉之心，遂营为墓"。因此，他的儿子曹志遵从父亲的遗嘱，将灵柩运回东阿，埋葬在给他留下美好回忆的鱼山西麓。

第二章　曹植的文学思想

建安时代，社会动荡，儒家思想的统治地位动摇，人的主体意识开始觉醒，应运而生的各种思想观念相互碰撞，文学发展开始进入了自觉的时代。在曹氏父子的倡导下，建安文学空前繁荣，文学理论也有了高度发展，出现了像曹丕《典论·论文》等自觉地对创作进行反思与批评的理论作品。曹植是建安文人中最杰出的代表，关于文学也有自己的深入思考，虽没有曹丕那样的专篇文章，但散见于他的著作和平时言行中，有的与《典论·论文》声息相通，有的则自出机杼，独树一帜，不容忽视。

一、对于文学的价值和社会功用的认识

自西汉武帝"罢黜百家、独尊儒术"以来，儒家思想一直占据统治地位。传统的儒家思想认为文学创作应该原道宗经，文学只是经学的附庸，严重阻碍了文学的自由发展。东汉倾颓，传统的儒学失去了统治地位和支配思想的力量，文学因此而开始摆脱了经学的束缚。曹丕《典论·论文》说文章是"经国之大业，不朽之盛事"，是概括了时代思潮的一种具有代表性的意见。

在关于文学的价值和地位问题上，曹植曾在《与杨德祖书》

中表达了自己的看法。

> 辞赋小道，固未足以揄扬大义，彰示来世也。昔扬子云先朝执戟之臣耳，犹称壮夫不为也。吾虽德薄，位为藩侯，犹庶几戮力上国，流惠下民，建永世之业，流金石之功，岂徒以翰墨为勋绩，辞赋为君子哉！若吾志未果，吾道不行，则将采庶官之实录，辩时俗之得失，定仁义之衷，成一家之言，虽未能藏之于名山，将以传之于同好，非要之皓首，岂今日之论乎？

曹植的观点表面上看和曹丕不同，其实则不然。鲁迅先生早在20世纪30年代就给我们作出了深刻的解释，他在《魏晋风度及文章与药及酒之关系》一文中这样说：

> 在文学意见上，曹丕和曹植表面上似乎是不同的。曹丕说文章可以留名于千载，但子建却说文章小道，不足论的。据我的意见，子建大概是违心之论。这里有两个原因：第一，子建的文章做得好，一个人大概总是不满意自己所作而羡慕他人所为，于是他便敢说文章是小道；第二，子建活动的目标在于政治方面，政治方面不甚得志，遂说文章是无用了。

曹植只是在强调"事功"与"翰墨"对他个人而言的主次之分。《左传》中有言："太上有立德，其次有立功，其次有立言，虽久不废，此之谓不朽。"这"三不朽"的原则对封建社会的文人

产生了深刻而巨大的影响，对曹植亦是如此。他渴望"戮力上国，流惠下民"，自然把建功立业放在首位，但这并不意味着他轻视文学。"岂徒以翰墨为勋绩"，清楚地表明"翰墨"在他心目中仍不失为一种"勋绩"，只是不屑于仅用力于此而已。

鲁迅先生还进一步论述道：

> 世间有所谓"就事论事"的办法，现在就诗论诗，或者也可以说是无碍的罢。不过我总以为倘要论文，最好是顾及全篇，并且顾及作者全人，以及他所处的社会状态，这才较为确凿。要不然是很容易近乎说梦的。

诚然如此，从曹植在《与杨德祖书》以外的表述及行为看，他是极重视文学创作的，认为文学作品可以宣泄作者的情感，可以载道、传道。《三国志·魏书·王粲传》中有这样一段记载：

> （植）于是乃更著衣帻，整仪容，与淳评说混元造化之端，品物区别之意，然后论羲皇以来贤士名臣烈士优劣之差，次颂古今文章赋诔及当官政事宜所先后，又论用武行兵倚伏之势。

从中可以看出，曹植是很重视文学创作的。

他在《薤露行》中写道："孔氏删诗书，王业粲已分。骋我径寸翰，流藻垂华芬。"他高度评价孔子整理《诗》《书》的做法，分明把著述视为垂名青史的功绩，并明确流露出效仿之意；而且从"流藻垂华芬"看，他尤其重视词藻华丽、文采斐然的文

学作品的创作。

曹植的创作实践也像一面镜子，折射出他的文学价值观念。他自谓"少小好为文章""所著繁多"，终生在文学领域惨淡经营，以至"精意著作，食饮损减，得反胃疾"。晚年自己编定文集时，反复推敲，去芜存精，"删定别撰"，一丝不苟，可见文学已经是他生命的一部分。

二、对于文质关系的认识

钟嵘在《诗品》中对曹植的评价是："骨气奇高，词采华茂。体被文质，情兼雅怨。"是说曹植诗歌最突出的特点就是内容充实而丰富，多慷慨悲愤之气。艺术表现形式上注重词藻的华美，从而形成了既华丽绮焕又浑厚雄健的艺术风格。

曹植在自己的作品中多次论及到对文和质的看法。他在《答明帝诏表》中说："文义相扶，章章殊兴，句句感切，哀动神明，痛贯天地。"将"文义相扶"放在首位，认为只有当内容（义）与文采（文）相互配合与映衬后方可使作品产生强烈的艺术感染力。此外，他还在《前录自序》中说："故君子之作也，俨乎若高山，勃乎若浮云。质素也如秋蓬，摛藻也如春葩。泛乎洋洋，光乎皜皜，与雅颂争流可也。余少而好赋，其所尚也，雅好慷慨，所著繁多。"曹植认为好的作品在形式上应该像高山一样雄浑，像浮云般飘逸，内容朴实宛如秋蓬，词语绚烂有如春花。行文流畅宛如滚滚的江河，内容鲜明爽朗可与日月同辉。文质彬彬，雍容典雅。总之，符合君子之作的条件必须是在"质素"与"摛藻"两个方面都达到标准，只有不偏不倚，两善俱美之后，才能"文义相扶"地成为优秀的作品。

（一）曹植对"质"的要求

曹植曾在《学官颂》中说："歌以咏言，文以骋志。"刘勰在《文心雕龙·时序》中评论建安文学的时代特色时说："观其时文，雅好慷慨，良由世积乱离，风衰俗怨，并志深而笔长，故梗概而多气也。"可见，强调文学作品要具有真情实感是当时的时代特色，即要写"抒情"之作。同时，曹植还要求在"文"上要"辞各美丽"地具有艺术美感。他在《七启·序》中说："昔枚乘作《七发》……余有慕之焉！"在《王仲宣诔》中说："文若春华，思若泉涌……"在《文帝诔》中说："才秀藻朗，如玉之莹。"在《答明帝诏表》中说："章章殊兴，句句感切。"这些都表明了曹植对文学的严格要求与审美情趣。他的创作理论继承了儒家传统的文质观，而这种文质观对他的"骨气奇高、词采华茂、情兼雅怨、体被文质"的艺术风格的形成又产生了直接的影响。

曹植之所以能成为建安文学中第一流的作家，其作品的抒情性与感染力是其获得成功的重要因素，尤其是他的慷慨悲音。曹植在文学创作上的继承可以说是多元的，不仅继承了《楚辞》，也继承了《诗经》、汉乐府及《古诗十九首》，从而形成了自己"文采缤纷而不离闾里歌谣之质"的特色，而这一特色就是浓郁的抒情色彩。纵观他的文学作品，不论是反映早期斗鸡走马的贵公子生活的《白马篇》《名都篇》，还是黄初年间，反映"忧生之嗟"的《赠白马王彪》以及出世的游仙诗，抑或是太和年间企求自试的书表，无一不饱含着浓郁的感情，尤其是"慷慨"之悲情。而这种对"情"的强调，就是曹植对于"质"的认识与实践。建安是我国诗歌完成了从"言志"到"抒情"的转变的一个

重要时期，王瑶先生说"我国的五言诗发展的主流，便是从'主志'到'缘情'，而建安时代正是这一转变的关键时段"，而曹植则是在文学思想与文学创作上都对此做出了总结与实践的关键人物。

刘勰曾言："暨建安之初，五言腾踊，文帝陈思，纵辔以骋节；王、徐、应、刘，望路而争驱；并怜风月，狎池苑，述恩荣，叙酣宴，慷慨以任气，磊落以使才；造怀指事，不求纤密之巧，驱辞逐貌，唯取昭晰之能：此其所同也。"（《文心雕龙·明诗》）可见"慷慨""任气"与"驱辞逐貌"是当时的时代特征。"慷慨""任气"就是直抒胸臆、义气激荡的寓意。具体说来，"慷慨"是指激昂雄壮或苍凉悲慨的豪情；"骨气"则是对人的精神状态或文学作品风格的喻指。汉末建安是中国历史上著名的乱世，生逢其间的文人大多经历坎坷，故而对生活感触颇多，于是感时伤乱，关注民生，遂成为建安文学"慷慨之音"的生命情愫。曹植一生的境遇更是巨变沧桑，于是感而为诗，"慷慨""任气"，高扬着"骨气奇高"的生命张力。

（二）曹植对"文"的要求

《文心雕龙·明诗》篇中曾说："四言正体，雅润为本；五言流调，清丽居宗。"抒写感情刻画风物，只有采用五言才能达到"婉转附物、怊怅切情"的境界。曹植对文和质的看法是与当时的"五言腾踊"的现象密不可分的。四言诗"质木无文"，而五言诗才能"婉转附物、怊怅切情"。当时的文人骚客普遍向汉乐府民歌学习，大量运用五言诗体进行创作，而其中曹植的成就最为突出。王世贞《艺苑卮言》评曰："汉乐府之变，自子建始。"颜延之曾

评价曰："至于五言流靡，则刘桢、张华；四言侧密，则张衡、王粲。若夫陈思王，可谓兼之矣。"认为曹植的五言诗兼具"流靡"与"侧密"的特点，给予很高的评价。刘勰曾言"兼善则子建仲宣"，认为曹植的"文"具有四言的雅润与五言的清丽，评价甚高。总之，在"文义相扶"、兼善并美的文学思想的指导下，曹植的一些作品虽然"句颇尚工，语多致饰，视东西京乐府天然古质，殊自不同"（胡应麟《诗薮·内编》卷二），但同时又能"文采缤纷而不离闾里歌谣之质"（黄侃《诗品讲疏》）。即既重视作品的内容与强烈感情的抒发，同时又对文辞提出了具体的审美要求，这无疑是曹植对建安文学自觉时代的重要贡献，建安文学"以情纬文，以文被质"（沈约《宋书·谢灵运传论》）特点的形成也受到曹植深刻的影响。

（三）对声律的重视

从建安到南朝，是古诗向律诗转变的关键时期，而其中声律的研究与运用无疑是这一转变的关键所在。这一转变与东汉末年佛教的传入有关。陈寅恪先生在《四声三问》中说："实依据及模拟中国之当日转读佛经之三声。而中国当日转读佛经之三声又出于印度古时声名论之三声也。"认为四声的发现与佛经的转读有关。

曹植与佛经的转读梵呗有关，如梁释慧皎所著《高僧传》卷十三《经师传论》曾云：

  始有魏陈思王曹植，深爱声律，属意经音。……昔诸天赞呗，皆以韵入弦管。五众既与俗违，故宜以声曲

为妙。原夫梵呗之起，亦肇自陈思。始著《太子颂》及《睒颂》等，因为之制声。吐纳抑扬，并法神授。今之"皇皇顾惟"，盖其风烈也。

说明曹植对佛教梵音钻研颇深，可以说他是中国文学首倡音韵说之祖。

释道世《法苑珠林》卷四十九亦云：

植每读佛经，辄流连嗟玩，以为至道之宗极也。遂制转赞七声，升降曲折之响，世之讽诵，咸宪章焉。尝游鱼山，忽闻空中梵天之响，清雅哀婉，其声动心，独听良久，而侍御皆闻。植深感神理，弥悟法应，乃摹其声节，写为梵呗，撰文制音，传为后世。梵声显世，始于此焉。其所传呗凡有六契。

刘敬叔《艺苑》卷五云：

陈思王曹植，字子建。尝登鱼山，临东阿，忽闻岩岫里有诵经声，清通深亮，远谷流响，肃然有灵气，不觉敛襟祗敬，便有终焉之志，即效而则之。今梵唱皆植依拟所造。

此外再如沈约云："子建函京之作……并直举胸情，非傍诗史，正以音律调韵，取高前式。"这些材料说明，曹植在"梵音"的基础上有所创造。

声律的兴起与五言诗关系密切，而曹植是中国诗歌史上第一位大力创作五言诗的诗人，对于曹植在声律方面的成绩与贡献，刘勰在《文心雕龙·声律》篇中就曾对他特别称许：

若夫宫商大和，譬诸吹籥；翻回取均，颇似调瑟。瑟资移柱，故有时而乖贰；籥含定管，故无往而不一。陈思、潘岳，吹籥之调也。陆机、左思，瑟柱之和也。

刘勰认为声律是从自然的音节中来的，而曹植的作品自然和谐，具有声律调和、"无往而不一"的特点，因而给予高度的肯定。

曹植在自己的不少作品中都表达了对于声律的重视，如《平原懿公主诔》在赞美懿公主时这样说："在生十旬，察人识物，仪同圣表，声协音律。"在诔文中，把"协音律"紧连在"察人识物，仪同圣表"的赞美之后，可见曹植对于声律的重视。此外，曹植不少的诗歌亦出现近乎律诗的对语，而这种对语在建安以前的诗歌中是很少见的，如《公宴诗》中的"秋兰被长坂，朱华冒绿池。潜鱼跃绿波，好鸟鸣高枝"，《赠丁仪》中的："凝霜依玉除，清风飘飞阁"等，皆平仄谐调，俨然如律诗。

三、对民间文学的认识与重视

民间文学是人民群众在日常生活中创作出来的，是他们总结生产知识，归纳生活经验，表达喜怒哀乐的一种手段，是我国文人文学的源头。因此，曹植在创作中十分重视民间文学。他在《与杨德祖书》中的一段话十分鲜明地表明了自己的看法：

曹植

  人各有好尚，兰茞荪蕙之芳，众人之所好，而海畔有逐臭之夫；《咸池》《六茎》之发，众人所共乐，而墨翟有非之之论，岂可同哉！……夫街谈巷说，必有可采；击辕之歌，有应风雅，匹夫之思未易轻弃也。

  "街谈巷说"，指有文学色彩的民间传说、故事、俳优小说之类；"击辕之歌"是指乡下劳动人民的歌谣之作；"匹夫之思"，指蕴涵在"街谈巷说"与"击辕之歌"中的劳动人民的思想感情。曹植这番话，论及了当时民间文学的主要体裁，既谈到了形式，又谈到了内容。他没有局限于对民间文学某些具体方面、特点的评述，而是在高度抽象的基础上，对民间文学的价值和地位作了肯定，态度异常明确、大胆、热情。"必有可采"，充分肯定了民间文学的价值，意义深远；"有应风雅"也决不仅仅是作简单的类比，说明"击辕之歌"是与诗经的风雅精神相呼应的。

  曹植对民间文学的喜爱，在其他典籍中亦有记载：

  （植）遂科头拍袒，胡舞五椎锻，跳丸击剑，诵俳优小说数千言讫。

（《三国志·魏书·王粲传》）

  古曲多有谬误，异代之文未相袭，故依前曲，疑作新歌五篇。

（《鼙舞歌序》）

闲于增损古辞，多者则宜减之，明贵约也。

（《文心雕龙·乐府》引曹植称赞李延年之语）

世之作者，或好繁文博采，深沉其旨者，或好离言辨白，分毫析厘者。所习不同，所务各异，言势殊也。

（《文心雕龙·定势》引曹植语）

在实际的创作过程中，曹植也善于从民谣、民歌中汲取养料，融合通俗明快、朴实流畅的手法，形成自己全新的语言风格。他在创作中注重对民谣、谚语的运用。如《黄初五年令》中云："谚曰：'人心不同，若其面焉。'"再如《陈审举表》写道："谚曰：'相门有相，将门有将。'"等等。他的《鹞雀赋》，采用了拟人手法，通过鹞、雀之间的对话，影射弱肉强食的黑暗现实："鹞欲取雀。雀自言：雀微贱，身体些小，肌肉瘠瘦，所得盖少，君欲相啖，实不足饱。"语言浅显，通俗易懂，类似小孩子的白话。这是一种文言与口语兼容、雅俗结合的文学语言，无论用来抒情或叙事，都显示了全新的生命力。

四、重视文学批评与文学创作的关系

建安时代之所以被认为是文学的自觉时代，一个极其重要的原因就是文学批评的自觉。这种自觉不仅表现为批评活动的广泛展开，更重要的是表现为批评理论的日趋成熟。曹植虽然没能建构严谨的批评理论体系，但却对文学批评进行了多方面的理论思考，为后代文学批评理论留下了一笔宝贵的财富。

身为作家，曹植深深懂得创作的甘苦，当然也极其珍视创作

成果；但作为理论家，他又清醒地意识到，作家任何艰辛的创造性劳动都并不能保证作品尽善尽美。因此，他很重视文学批评与文学创作的关系，认为正确的文学批评能够帮助提高文学作品的质量。曹植在《与杨德祖书》中这样写道：

> 世人之著述不能无病，仆常好人讥弹其文，有不善者，应时改定。……昔尼父之文辞，与人通流，至于制《春秋》，游夏之徒乃不能措一辞，过此而言不病者，吾未之见也！

"世人之著述不能无病"是全文立论的基石，"仆常好人讥弹其文"，欢迎别人对自己进行批评，才能做到"有不善者，应时改定。"作为"建安之杰""下笔琳琅"的曹植深知文学创作是异常艰难的精神劳动，他曾说："夫文章之难，非独今也，古之君子犹亦病诸！"（《与吴季重书》）。孔子可谓是圣人了，但是也仅仅是《春秋》堪称完美，使得游夏之徒们不能改动一字，而在一些其他的创作上孔子还常与人"通流"，就说明文学活动的艰难。因此，曹植十分看重"通流"，即与人"疑义相与析"，共同探讨，互通有无。而且，每个人的个性和长处都有所不同，往往只擅长诸多文学分类的一个或多个方面，而鲜有文学通才的出现。曹丕就曾在《典论·论文》中评论到：

> 夫人善于自见，而文非一体，鲜能备善。是以各以所长，相轻所短。里语曰："家有敝帚，享之千金。"斯不自见之患也。

建安文坛作家辈出,群星灿烂,辉映天空,"各以所长,相轻所短"的现象是客观存在的,因而曹丕此话一出,古今文人的身上便被统统打上了"文人相轻"的记号,似乎都表现出心胸狭隘、相互倾轧的特点。而相比曹丕,曹植在承认建安一些文人的这种陋习的同时,更以身作则,有意改正这种不良的风气,站在文学批评的高度上,倡导优良的文学创作环境,提高文学创作水准,推动文学的发展。

伟大的作家也会有短处,完美无瑕永远只是一种竭力追求并不断接近的理想境界。曹植深知这一点,因此他不仅在理论上重视文学批评,而且在创作中也虚心接受别人的批评指正。曹植严于律己,他时常让别人"讥弹"自己的文章,虚心求教,一旦有"不善"者,自己将"应时改定"。这种严谨客观的创作精神在他的晚年表现得更为突出。为了不让污秽文章流传后世,曹植殚精竭虑地锤炼推敲,即使因此得了严重的反胃病,也从未动摇过自己"删定别撰"的坚定意志。正是这种能否客观准确地评价自己的能力,才使得曹植与建安七子有了云泥之别。

第三章 曹植与建安文学

一、建安时代

建安,是东汉最后一个皇帝刘协的年号。史学上所指的建安时代往往超出了献帝在位的二十五年(公元196年~公元220年),大体是指东汉灵帝末年到魏明帝初年的四五十年时间。建安时代是中国历史上一个重要的转折阶段,它在政治、经济、思想诸多领域都呈现出迥异于前的鲜明特征,建安文学正是在这种新的社会条件下诞生的。

汉献帝在位后期,东汉王朝政权已经掌握在曹操手中而名存实亡了,整个中国随着东汉王朝政治力量的消亡而产生了一次军阀割据的大混战,终于形成魏、蜀、吴三国鼎立的分裂局势。虽然,这一时期,我国历史上由汉族建立的大帝国一度由统一强盛开始趋向分裂衰落,但在文学史上却放射出一片绚美的异彩,而这异彩正是从当时现实的土壤中炽升起来的,与当时社会生活的各方面息息相关。

东汉末年,王朝的外戚和宦官交替掌握政权,他们之间不断进行尖锐的生死斗争,同时都对人民进行残酷的压榨掠夺,终于

激起汉灵帝中平元年（公元184年）的黄巾大起义，进而产生献帝初平元年（公元190年）的董卓之乱和以后的军阀大混战。经过这些大的战乱，中原形成"旧土人民，死丧略尽，国中终日行，不见所识"及"白骨露于野，千里无鸡鸣"的惨象。当时人民的死亡和生产的破坏十分严重。这种残破不堪的现实社会惨景和生活于其中的惨痛经历，为当时诗人提供了极为真实生动的创作题材，并激起他们不能不形之咏叹的创作情绪。

巨大的社会动荡使得旧的封建秩序遭到破坏，人们的意识也发生巨大的变革。汉代自武帝以来，一直是儒家思想占独尊的统治地位，儒学传统的文学观点是原道宗经，文学一直只是经学的附庸，阻碍了文学的自由发展。东汉倾颓，传统的儒学已失去了统治地位和支配思想的力量，这时，为适应新的现实需要，名、法、兵、纵横等家思想都有不同程度的发展，思想界呈现出一种自由解放的趋势。因此文学开始摆脱了经学的束缚，不必再如刘勰所说的那样"华实所附，斟酌经辞"（《文心雕龙·时序》）了。于是，它在内容上既不须依据经义而可自由抒情，它的不朽价值也由自身来决定而不必附骥尾于六经。很多的作家都具有反传统的思想，尤以曹操、曹植父子最为明显。他们不再将文学视为阐发经义的工具，而是用来反映现实生活和抒发自己的思想感情，使文学的道路更为开阔。

文学批评的盛行和发展也带动了建安文学的兴盛。正由于社会纷乱，儒学式微，建安文人对文学的价值和作用，有更深刻的反思，对各种文体的特点、文章的风格与作者的关系等也有更深入的研究，文人亦经常相互探讨批评，曹丕的《典论·论文》正是当时最举足轻重的一篇文学批评之作，他在文章中充分肯定了文

学的地位和价值："盖文章经国之大业，不朽之盛事，……是以古之作者，寄身于翰墨，见意于篇籍，不假良史之辞，不托飞驰之势，而声名自传于后。"这种对于文学价值的新的认识，极有助于文学的蓬勃发展，并使文学获得丰富生动的内容。而当时诗人开始勇于大量学习乐府民歌，并运用乐府古题来进行创作，也正是这种解放的思想力量在支配着他们。

曹操以其过人的军事和政治才能统一了中国北方，使北方的生产逐渐恢复，人民生活获得安定。曹操及其两个儿子曹丕、曹植非常爱好和奖励文学，招揽文士，围绕他们聚集了"建安七子"、蔡琰等众多的作家。在群雄逐鹿、戎马倥偬中，曹操把大批文人学士汇集在自己手下，倡导和鼓励他们创作，形成了一个"百川赴巨海，众星环北辰"的邺下文人集团以及盛极一时的邺下文风。

二、建安风骨

"风骨"一词最早大量应用于魏、晋、南朝的人物评论，后引用到书画理论和文学评论之中。在文学评论中，对风骨的解释最为精准的，当属刘勰的《文心雕龙》。

《文心雕龙·风骨》篇说："是以怊怅述情，必始乎风；沉吟铺辞，莫先于骨。故辞之待骨，如体之树骸；情之含风，犹形之包气。"心情不畅时要表达思想感情，一定要从风出发；在推敲安排文字时，就应该首先注意骨。文辞需要骨，就像身体要树立骨架；思想感情包含风，就好像形体里有了生气。风就是文章的生命力和内在的感染力，有"风"的文章才有感动人的力量，这种力量又和志气相符合。如若作品内容空洞，没有才气，没有感动

人的力量，就是没有"风"。"骨"是对文辞的要求，作品有了"骨"，文章才能挺拔起来，"若瘠义肥辞，繁杂失统，则无骨之征也"。那么风和骨结合起来是怎样的呢？

> 结言端直，则文骨成焉；意气骏爽，则文风清焉。若丰藻克赡，风骨不飞，则振采失鲜，负声无力。是以缀虑裁篇，务盈守气，刚健既实，辉光乃新。其为文用，譬征鸟之使翼也。

> 故练于骨者，析辞必精；深乎风者，述情必显。捶字坚而难移，结响凝而不滞，此风骨之力也。若瘠义肥辞，繁杂失统，则无骨之征也。思不环周，牵课乏气，则无风之验也。

刘勰认为，一篇好的文章，力求在言辞准确的同时必须表达一种爽朗舒昂的气势精神。言辞过于华美富丽则不免影响"意"的抒发，使得文章缺乏刚健的风骨。所以，他认为作家在创作时要处理好"文"与"气"之间的关系，思想感情应该表现得鲜明而爽朗，避免含混模糊；语言要质朴有力，避免浮华萎靡。这样的文章才是一篇好的文章，才有气势，才有风骨。

刘勰在《文心雕龙·风骨》中虽然较早对"风骨"这一概念进行了论述，却没有直接提出"建安风骨"。最早出现的类似提法是"建安风力"，出自钟嵘的《诗品·总论》。钟嵘说：

> 降及建安，曹公父子笃好诗文……爰及江表，微波

尚传，孙绰、许询、桓、庾诸公诗，皆平典似《道德论》，建安风力尽矣。

钟嵘讲的"建安风力"就是"建安风骨"。他认为风力并不包括文采，所以又说："干之以风力，润之以丹采。"他认为曹植的诗"骨气奇高，词采华茂，情兼雅怨，体被文质，粲溢古今，卓而不群。""骨气"与"词采"并重，"风力"与"丹采"相兼，是诗之上品。可见，钟嵘是将文采看重于风力的。而刘勰则认为作品质朴刚健的风格是重于华美的风采的。

刘勰没有直接提到"建安风骨"，但他对建安文学的看法，实际上包含"建安风骨"在内：

既建安之初，五言腾踊，文帝陈思纵辔以骋节，王徐应刘望路而争驱；并怜风月，狎池苑，述恩荣，叙酣宴，慷慨以任气，磊落以使才；造怀指事，不求纤密之巧，驱辞逐貌，唯取昭晰之能：此其所同也。

观其时文，雅好慷慨，良由世积乱离，风衰俗怨，并志深而笔长，故梗概而多气也。

刘勰认为，建安诗人由于亲身遭受流离颠沛的痛苦，同时他们又有磊落的胸怀、卓越的才华，因此以质朴明晰的语言反映当时的社会现实，抒发心中抑郁不平之气，从而形成了"志深而笔长""梗概而多气"的独特风格，正确揭示了"建安风骨"所具有的鲜明的时代特色。

此后，唐初的陈子昂在《与东方左史虬修竹篇序》中说：

> 文章道弊五百年矣。汉魏风骨，晋宋莫传，然而文献有可征者。仆尝暇时观齐梁间诗，采丽竞繁而兴寄都绝。每以永叹。……一昨于解三处见明公《咏孤桐篇》，骨气端翔，音情顿挫，光英朗练，有金石声。

李白也提及"建安骨"，其诗《宣州谢朓楼饯别校书叔云》中说：

> 蓬莱文章建安骨，中间小谢又清发。俱怀逸兴壮思飞，欲上青天揽明月。

真正第一个直接提出"建安风骨"的是宋代人严羽。他在《沧浪诗话》中说："黄初之后，惟阮籍《咏怀》之作，极为高古，有建安风骨。"严羽认为"诗之品有九"，第一第二是"曰高曰古"，以"高古"作为建安风骨的特征。

建安时期的作品真实地反映了现实的动乱和人民的苦难，抒发建功立业的理想和积极进取的精神。同时也流露出人生短暂、壮志难酬的悲凉幽怨，意境宏大，笔调朗畅，具有鲜明的时代特征和个性特征，其雄健深沉、慷慨悲凉的艺术风格，文学史上称之为"建安风骨"或"汉魏风骨"。

三、"三曹"与"七子"

"三曹"指的是曹操、曹丕、曹植父子三人。曹氏父子三人的

曹植

倡导和示范，对建安文学的繁荣、建安风骨的形成起了积极的推动作用。刘勰在《文心雕龙·时序》篇中说："自献帝播迁，文学蓬转，建安之末，区宇方辑。魏武以相王之尊，雅爱诗章；文帝以副君之重，妙善辞赋；陈思以公子之豪，下笔琳琅；并体貌英逸，故俊才云蒸。"刘勰的这段话恰当地说明了曹氏父子与建安文学的密切关系。

曹氏是当时政治上的领袖，又是文坛上的盟主。尤其是曹操作为建安时期成绩卓著的文学家，"外定武功，内兴文学"（《三国志·魏书·荀彧传》注引《彧别传》），他既是建安文学的领导者和组织者，又是建安风骨的开创者和倡导者，创作了许多内容深刻、富有时代特点的优秀诗篇，为建安文学奠定了基础，开创了建安一代的新诗风。

曹操，字孟德，小字阿瞒，沛国谯（今安徽省亳州市）人，东汉末年著名的政治家、军事家、文学家。

曹操的诗，现存二十八首，都是乐府诗，其诗的内容和形式都与汉乐府"感于哀乐，缘事而发"的精神一脉相承。他的诗歌主要是反映汉末动乱的现实、统一天下的理想和顽强的进取精神以及抒发忧思难忘的消极情绪。汉末大乱，曹操南征北讨，广泛接触社会，有许多亲身感受。他的许多诗歌真实地反映了社会动乱给人民带来的苦难和不幸。如《蒿里行》：

关东有义士，兴兵讨群凶。初期会盟津，乃心在咸阳。军合力不齐，踌躇而雁行。势利使人争，嗣还自相戕。淮南弟称号，刻玺于北方。铠甲生虮虱，万姓以死亡。白骨露于野，千里无鸡鸣。生民百遗一，念之断人肠。

曹操在此诗中概括了袁术、袁绍等军阀假借讨伐董卓的名义，各怀异心，争夺权力、互相混战的史实，突出描写了军阀混战造成的令人触目惊心的惨象，表现出作者强烈的悲愤感情。

曹操用古调来写时事，开创了以古乐府来写新内容的风气。清代沈德潜说"借古乐府写时事，始于曹公"（《古诗源》），是颇有见地的说法。曹操之所以能够"旧瓶装新酒"，是因为乐府本身就有"缘事而发"的特点，宜于用来记录史实，抒发情感。《蒿里行》被明代诗人钟惺的《古诗归》称为"汉末实录，真诗史也"。

曹操的政令文章与诗歌一样，也能很好地反映东汉末年的社会现实，如建安七年正月颁布的《军谯令》：

> 吾起义兵，为天下除暴乱。旧土人民死丧略尽，国中终日行，不见所识，使吾凄怆伤怀。其举义兵已来，将士绝无后者。求其亲戚以后之，授土田，官给耕牛，置学师以教之。为存者立庙，使祀其先人。魂而有灵，吾百年之后何恨哉！

文中描绘了由于军阀混战而造成的社会残破的景象，"旧土人民，死丧略尽，国中终日行，不见所识"，这种凄惨的景象与"白骨露于野""千里无鸡鸣"有着同样的震撼人心的作用。

曹操的诗文用自己的真实情感写就，作品中洋溢着感人的力量。他的作品写得生动，有气韵，读之感动人心。用词精炼、准

确，词语的使用和感情的表达相得益彰。曹操文学创作的特点深深影响着建安时期的其他文人，对"建安风骨"的形成起先导作用。

曹丕，字子桓，生于汉灵帝中平四年（公元187年），卒于黄初七年（公元226年），曹操次子。于公元220年代汉自立，是为魏文帝。曹丕有诗歌四十余首，他的诗或写游子思妇之情，或写对人生、哲学的思考。沈德潜在《古诗源》卷五中说："子桓诗有文士气，一变乃父悲壮之习矣。要其便娟婉约，能移人情。"

曹丕生活的时代因社会的动乱，许多人背井离乡，抛妻别子，于是游子思妇成了建安时期的普遍现象，曹丕在诗中深刻地反映了这一特点。如《杂诗》：

西北有浮云，亭亭如车盖。
惜哉时不遇，适与飘风会。
吹我东南行，行行至吴会。
吴会非我乡，安得久留滞？
弃置勿复陈，客子常畏人。

诗歌借游子题材，表达了人生的孤苦飘零，有一股苍凉之气贯注其中。与游子之愁遥相呼应的是思妇的情思，如《燕歌行》：

秋风萧瑟天气凉，草木摇落露为霜，群燕辞归雁南翔。念君客游多思肠，慊慊思归恋故乡，君何淹留寄他方？贱妾茕茕守空房，忧来思君不敢忘，不觉泪下沾衣

裳。援琴鸣弦发清商，短歌微吟不能长。明月皎皎照我床，星汉西流夜未央。牵牛织女遥相望，尔独何辜限河梁？

这首诗突出的特点是写景与抒情的巧妙交融。诗人用细腻委婉的笔触和明媚清丽的语言，叙写了妇人对丈夫的思念之情。王夫之在《船山古诗评选》中评价此诗："倾情，倾度，倾色，倾声，古今无两。"作为男性的曹丕，善于揣摩、描摹思妇的心理，全诗呈现出一种清绮婉约的阴柔之美。这是我国第一首成熟的七言诗，对后代诗歌的发展有重要影响。

除了诗歌，曹丕对建安文学的贡献更多地表现在论文上，他的《典论·论文》总结概括了建安文学，评价建安文人，对建安风骨的形成起到了重要的推动作用。

在《典论·论文》中，曹丕表达了对文学的重视。他说：

盖文章，经国之大业，不朽之盛事。年寿有时而尽，荣乐止乎其身，二者必至之常期，未若文章之无穷。是以古之作者，寄身于翰墨，见意于篇籍，不假良史之辞，不托飞驰之势，而声名自传于后。故西伯幽而演《易》，周旦显而制《礼》，不以隐约而弗务，不以康乐而加思。夫然则古人贱尺璧而重寸阴，惧乎时之过已。而人多不强力；贫贱则慑于饥寒，富贵则流于逸乐，遂营目前之务，而遗千载之功。日月逝于上，体貌衰于下，忽然与万物迁化，斯志士之大痛也。

这里的文章主要指诗赋等文学作品。把文章的地位提高到"经国之大业"、"不朽之盛事",这是从来没有过的。同时,他对建安时期的作家也作了品评:

> 王粲长于辞赋,徐幹时有齐气,然粲之匹也。如粲之初征、登楼、槐赋、征思,幹之玄猿、漏卮、圆扇、橘赋,虽张、蔡不过也。然于他文,未能称是。琳、瑀之章表书记,今之隽也。应玚和而不壮,刘桢壮而不密。孔融体气高妙,有过人者,然不能持论,理不胜辞,以至乎杂以嘲戏。及其所善,班、扬俦也。

在《典论·论文》中,曹丕提出了一个重要的论说,即文气说:

> 文以气为主,气之清浊有体,不可力强而致。譬诸音乐,曲度虽均,节奏同检,至于引气不齐,巧拙有素,虽在父兄,不能以移子弟。

曹丕文气说的提出不仅有哲学基础,而且与当时的社会环境和创作实践有密切联系。建安时代是黑暗、动荡的时代,大多数人民遭受着死亡、离难之苦,此时的作家目睹诸多"出门无所见,白骨蔽平原"的社会惨状,用文学作品反映社会现实,表达他们希望拯救社会、建功立业的雄心壮志,因而形成了慷慨悲凉、雄健多气的时代风格。曹丕提出的文气说和建安风骨同出一辙,是对建安风骨的具体阐释。

建安时代，由于社会政治状况及时代思潮的变化，文学创作非常活跃，文学创作的自觉精神显著提高，在加上东汉末年品评人物的清议风气的影响，品评文章的风气也逐渐形成。曹丕的《典论·论文》正是在这种情形下产生的比较系统的文学批评著作。它在中国文学理论史上具有划时代的意义，它的诞生是中国古代文论开始步入自觉期的一个标志。

除曹氏父子之外，建安文学重要的代表人物还有"建安七子"。

"七子"之称，始于曹丕所著《典论·论文》：

> 今之文人，鲁国孔融文举，广陵陈琳孔璋，山阳王粲仲宣，北海徐幹伟长，陈留阮瑀元瑜，汝南应玚德琏，东平刘桢公幹。斯七子者，于学无所遗，于辞无所假，咸以自骋骥录于千里，仰齐足而并驰，以此相服，亦良难矣。

这七人大体上代表了建安时期除曹氏父子而外的优秀作者，所以"七子"之说，得到后世的普遍认可。七子中除了孔融与曹操政见不合外，其余六家虽然各自经历不同，但都亲身受过汉末离乱之苦，后来投奔曹操，地位发生了变化，才有了安定、富贵的生活。"建安七子"都亲身经历了汉末大乱，饱受战乱之苦，接触到广泛的社会现实，对战乱给社会和人民带来的灾难有很深的感触和同情。同时，他们都有一定的积极进取精神，在政治上支持拥护曹操，希望借助曹操的力量建功立业，实现自己的政治理想和抱负。由于时代的特点和他们的经历，他们的文学创作能

够直接继承汉乐府民歌的现实主义传统，掀起一个诗歌创作的高潮。建安七子的创作一方面反映了社会的动乱和人民的疾苦，一方面表现了统一天下的理想和壮志，悲凉慷慨，有着鲜明的时代特色。

　　七子之中孔融年纪最长。孔融（公元153年～公元208年），字文举，家学渊源，他是孔子的二十世孙，鲁国曲阜人，后来为曹操所用。他年少时曾让大梨给兄弟，自己取小梨，因此名垂千古，这就是"孔融让梨"的故事。曹操迁献帝都许昌，征孔融为将作大匠，迁少府。在许昌，不满曹操雄诈，多所乖忤，被奏免官。后复拜太中大夫，退居闲职，好士待客，座上客满，奖掖推荐，声望甚高。终为曹操所忌，枉状构罪，下狱弃市，终年五十六岁。孔融是建安时代的名儒，文才甚丰，继蔡邕之后为文章宗师，亦擅诗歌。文章以议论为主，内容大抵为伸张教化，宣扬仁政，荐贤举能，评论人物，多针对时政直抒己见，颇露锋芒，个性鲜明。在艺术上，文句整饬，词采典雅富赡，引古论今，比喻精妙，气势充沛。现存作品只有散文和诗。散文如《荐祢衡表》《与曹公论盛孝章书》，辞藻华丽，骈俪气息较多；《与曹操论禁酒书》则有诙谐意味。其《杂诗》第二首，以白描手法写丧子之痛，哀婉动人。

　　曹丕推孔融为七子之首，在《典论·论文》中说："孔融体气高妙，有过人者，然不能持论，理不胜辞，以至于杂以嘲戏。及其所善，扬（雄）、班（固）之俦也。"刘勰在《文心雕龙》中说："孔融之守北海，文教丽而罕于理。"曹丕和刘勰都肯定了孔融的文章，但对其缺点也直言不讳，即理不胜辞。但他的作品中亦不乏豪直之气，也是建安风格的代表，如《杂诗》：

远送新行客，岁暮乃来归。
入门望爱子，妻妾向人悲。
闻子不可见，日已潜光辉。
孤坟在西北，常念君来迟。
褰裳上墟丘，但见蒿与薇。
白骨归黄泉，肌体乘尘飞。
生时不识父，死后知我谁。
孤魂游穷暮，飘摇安所依。
人生图嗣息，尔死我念追。
俯仰内伤心，不觉泪沾衣。
人生自有命，但恨生日希。

这首诗写幼子夭折的悲痛，哀婉动人，是当时抒情诗中较好的作品。诗中的"悲凉"之气，不亚于曹操的作品。犹如建安九年（公元204年）写给曹操的《论盛孝章书》："岁月不居，时节如流。五十之年，忽焉已至。公（曹操）为始满，融又过二。海内知己，零落殆尽，惟会稽盛孝章尚存。"开篇数语，就将时光如梭、倏忽暮年的情感表达出来，颇具感染力。苏轼说孔融的这篇作品"慨然有烈丈夫之风"（《乐全先生文集序》）。

建安七子中成就最高的当属王粲。王粲（公元177年~公元217年），字仲宣，山阳高平（今山东邹城）人。由于其文才出众，被称为"七子之冠冕"。王粲幼时往见左中郎将蔡邕，蔡邕"见而奇之，倒屣以相迎"。王粲强记默识，善算术行文；一次与友人共行，读道边石碑，观一遍就能背诵，不失一字。又曾观人下围棋，

其局乱,王粲复为重置,不误一道。后到荆州依附刘表,刘表以其为上宾。刘表死后,王粲劝刘表次子刘琮,令归降于曹操。曹操至荆州,赐爵关内侯。魏国始建宗庙,王粲与和洽、卫觊、杜袭同拜侍中,共议尊曹操为"魏王";后因中书令荀攸谏止不行而后忧死,其议遂罢。王粲"善属文,举笔便成,无所改定",诗赋尤佳,他的《七哀诗》和《登楼赋》最能代表建安文学的精神。王粲现存诗二十三首,代表作是《七哀诗》:

西京乱无象,豺虎方遘患。
复弃中国去,委身适荆蛮。
亲戚对我悲,朋友相追攀。
出门无所见,白骨蔽平原。
路有饥妇人,抱子弃草间。
顾闻号泣声,挥涕独不还。
未知身死处,何能两相完?
驱马弃之去,不忍听此言。
南登霸陵岸,回首望长安。
悟彼下泉人,喟然伤心肝。

这首诗写他由长安避乱荆州时,途中见到一个妇人抛弃亲生骨肉的场面,深刻揭示汉末军阀混战造成的惨象及人民的深重灾难,使人怵目惊心。清人吴淇在《六朝选诗定论》卷六中说:"盖人当乱离之际,一切皆轻,最难割者骨肉,而慈母于幼子尤甚。写其重者,他可知矣。"王夫之评论此诗说:"落笔刻,发音促,入手紧,后来杜陵有作,全以此为禘祖。"

南朝宋谢灵运在《拟魏太子邺中诗序》中说："王粲，家本秦川，贵公子孙，遭乱流寓，自伤情多。"由于他的身世和遭遇，王粲的作品多抒发对百姓的同情和一展抱负的愿望，感情深沉，慷慨悲壮。在建安七子中，王粲的成就最高，也最为后人所推崇。刘勰在《文心雕龙·才略》中评价他说："仲宣溢才，捷而能密，文多兼善，辞少瑕累，摘其诗赋，则七子之冠冕乎！"

阮瑀（公元165年？～公元212年），字元瑜，陈留尉氏（今河南开封）人，建安七子之一。曾为曹操的司空祭酒，管记室。年轻时曾受学于蔡邕，蔡邕称他为"奇才"。所作章表书记很出色，当时曹操的军国书檄文字，多为阮瑀与陈琳所拟。诗歌语言朴素，往往能反映出一般的社会问题。阮瑀的代表作是《驾出北郭门行》：

驾出北郭门，马樊不肯驰。下车步踟蹰，仰折枯杨枝。
顾闻丘林中，噭噭有悲啼。借问啼者出，何为乃如斯。
亲母舍我殁，后母憎孤儿。饥寒无衣食，举动鞭捶施。
骨消肌肉尽，体若枯树皮。藏我空室中，父还不能知。
上冢察故处，存亡永别离。亲母何可见，泪下声正嘶。
弃我于此间，穷厄岂有赀。传告后代人，以此为明规。

这首诗描写孤儿受后母虐待的苦难遭遇，在生母的坟前深切怀念自己生母的苦难遭遇。阮瑀的文风和曹操有些相似，清人陈祚明在《采菽堂古诗选》中说："质直悲酸，犹近汉调。"

陈琳（？～公元217年），字孔璋，广陵射阳（今江苏宝应）人，为建安七子之一，生年无确考，惟知在"建安七子"中比较年长，约与孔融相当。汉灵帝末年，任大将军何进主簿。何进为

诛宦官而召四方边将入京城洛阳，陈琳曾谏阻，但何进不纳，终于事败被杀。董卓肆恶洛阳，陈琳避难至冀州，入袁绍幕。袁绍使之典文章，军中文书，多出其手。最著名的是《为袁绍檄豫州文》，文中历数曹操的罪状，诋斥及其父祖，极富煽动力。建安五年（公元200年），官渡一战，袁绍大败，陈琳为曹军俘获。曹操爱其才而不咎，署为司空军师祭酒，使与阮瑀同管记室。后又徙为丞相门下督。建安二十二年（公元217年），与刘桢、应玚、徐幹等同染疫疾而亡。陈琳诗、文、赋皆能，尤擅章奏书记。《三国志·魏书·陈琳传》中记载："琳作诸书及檄，草成呈太祖。太祖先苦头风，是日疾发，卧读琳所作，翕然而起曰：'此愈我病。'数加厚赐。"可见曹操对陈琳的文章是十分欣赏的。诗歌的代表作是《饮马长城窟行》：

饮马长城窟，水寒伤马骨。
往谓长城吏，慎莫稽留太原卒！
官作自有程，举筑谐汝声！
男儿宁当格斗死，何能怫郁筑长城。
长城何连连，连连三千里。
边城多健少，内舍多寡妇。
作书与内舍，便嫁莫留住。
善侍新姑嫜，时时念我故夫子！
报书往边地，君今出语一何鄙？
身在祸难中，何为稽留他家子？
生男慎莫举，生女哺用脯。
君独不见长城下，死人骸骨相撑拄。

结发行事君，慊慊心意关。
明知边地苦，贱妾何能久自全？

全篇以对话形式写成，假借秦代筑长城故事，揭露当时繁重的徭役给民间带来的苦难，颇具现实意义。此诗受乐府民歌的影响较大，是最早的文人拟作乐府诗作品之一。清沈德潜在《古诗源》卷六中说此诗："可与汉乐府诗竞爽。"陈祚明在《采菽堂古诗选》卷七中说："孔璋《饮马》一篇，可与汉人竞爽，辞气俊爽，如孤鹤唳空，翩堪凌霄，声闻于天。"

徐幹（公元171年～公元217年），字伟长，北海（今山东潍坊）人，建安七子之一。少年勤学，潜心典籍。汉灵帝末，世族子弟结党权门，竞相追逐荣名，徐幹闭门自守，穷处陋巷，不随流俗。建安初，曹操召授司空军师祭酒掾属，又转五官将文学。数年后，因病辞职，曹操特加旌命表彰。后又授以上艾长，也因病不就。建安二十二年（公元217年）二月，瘟疫流行，徐幹染疾而亡。主要著作是《中论》，曹丕称赞此书"成一家之言，辞义典雅，足传于后。"他的情诗《室思》也写得一往情深。

应玚（？～公元217年），字德琏，汝南南顿县（今河南省项城）人，建安七子之一。擅长作赋，代表性诗作《侍五官中郎将建章台集诗》。初被魏王曹操任命为丞相掾属，后转为平原侯庶子。曹丕任五官中郎将时，应玚为将军府文学（掌校典籍、侍奉文章），著文赋数十篇。诗歌亦见长。

刘桢（？～公元217年），字公干，东平（今山东东平）人，建安七子之一。以文学见贵。建安中，刘桢被曹操召为丞相掾属。与曹丕兄弟颇相亲爱。后因在曹丕席上平视曹丕妻子甄氏，以不

敬之罪服劳役，后又免罪署为小吏。建安二十二年（公元217年），与陈琳、徐幹、应场等同染疾疫而亡。他的文学成就，主要表现在诗歌、特别是五言诗创作方面。存诗十五首，《赠从弟》三首为代表作，言简意明，平易通俗，长于比喻。

"七子"在中国文学史上具有相当重要的地位。他们与"三曹"一起，构成建安作家的主力军。他们对于诗、赋、散文的发展，都曾作出过贡献。

四、曹植的文学创作与建安文学

曹植是中国文学史上的第一流作家，他诗、赋、文兼善，对建安文学乃至后世文学的发展都起到了重要的作用。

曹植是第一位大力写作五言诗的文人。他的诗歌，既体现了《诗经》"哀而不伤"的庄雅，又蕴含着《楚辞》窈窕深邃的奇谲；既继承了汉乐府反映现实的笔力，又保留了《古诗十九首》温丽悲远的情调。曹植的诗又有自己鲜明独特的风格，完成了乐府民歌向文人诗的转变。"这是一个时代的事业，却通过了曹植才获得完成。"

曹植又是一位辞赋大家，在两汉体物大赋向魏晋抒情小赋的转变过程中起了主力作用。两汉辞赋创作的主流是以描写京殿苑猎、述行序志为能事的宏篇巨制。建安作者则以小赋为基本写作形制。其中曹植作赋数量最多，也最具代表性。他的赋，有的写军国大事，如《东征赋》；有的写亲情，如《怀亲赋》怀念已故父亲曹操，《慰子赋》悲悼"中殇之爱子"，《叙愁赋》慰"母氏"之"愁思"；有的写时节之思，如《感节赋》《秋思赋》；有的写闲居幽思，如《闲居赋》《潜志赋》《玄畅赋》；但更多的

则是写平常的细物小事，如《神龟赋》《白鹤赋》《蝉赋》《鹦鹉赋》《鹞雀赋》等写动物，《槐赋》《橘赋》等写植物，《九华扇赋》《宝刀赋》等写用物。正所谓"草区禽族，庶品杂类"（《文心雕龙·诠赋》），无所不包。曹植辞赋更重要的特点在于其很强的抒情性。《喜霁赋》《愁霖赋》，一"喜"一"愁"，触物生情；他写动物、植物、用物等，大多是以物寄托，表现自己的情志。如《鹞雀赋》，写"鹞欲取雀"，皆以动物拟人，不但写其行为，且出以言语，鹞雀对话，非常精彩，情趣盎然。在这里我们着重介绍的就是曹植所作的赋中知名度最高的《洛神赋》。

曹植辞赋的抒情性，首推《洛神赋》，其情绪之浓烈，气氛之妙曼，形象之优美，藻采之丽雅，实为建安辞赋之冠，而"恨神人之道殊兮，怨盛年之莫当"二句，又透露出作者无限身世之感。《洛神赋》传诵千古，自是一个情字感动倾倒无数读者。辞赋抒情性的强化，使辞赋获得了新的活力，开始了它发展史上的第二个大阶段——魏晋南北朝的抒情小赋阶段。

曹植又是一位散文创作的重要作家。他的散文气韵流畅，词藻繁盛，各体皆工，多长篇大作，使其才情得以充分发挥，更重要的是他能承中有变，根据表达思想与情感的需要，运用最优的文体形式和表现技巧，使自己的作品达到情辞并茂的艺术境界。他的文，符合规范，骈散结合，词采华茂，议论、抒情相融，章表、书信、论文等达到了情、景、事、理的高度统一，对后来的散文创作影响深远。

曹植的诗、文、赋创作，代表了建安文学的最高成就，对后世文学的发展起到了重要的作用。可以说，曹植与自己的父兄共同领衔的"建安七子"开启了来南北朝时期文学创作的黄金时代。

第四章　曹植的诗歌

建安时代是中国诗歌发展过程中的重要阶段，而曹植是这一时代最杰出的诗人之一。他的诗歌创作，四言、五言、六言、杂言广泛涉足，数量远远超出同时代诗人。他的诗，既不同于曹操的古直悲凉，又不同于曹丕的便娟婉约，而能兼父兄之长，达到风骨文采的完美结合。他作品中的豪迈气象、丰富的思想内容和独特的艺术风格，代表了建安文学的最高成就。

一、曹植诗歌的思想内容

曹植的诗，现存完整的九十余首，内容丰富，个性鲜明。和他的人生经历一样，曹植的诗歌创作也以建安二十五年（公元220年）曹丕称帝为界限，分为前后两期。

（一）前期诗歌创作

前期的曹植，生活优裕，上有父母宠爱，下有好友相伴；纵马则随父驰骋沙场，提笔则与友吟诗作赋。自言"庶几戮力上国，流惠下民，建永世之业，流金石之功"（《与杨德祖书》）。曹植壮志在胸，意气昂扬，热情奔放，对前途十分自信，因此，这个时

期的诗歌创作主要歌唱他的理想和抱负，洋溢着乐观浪漫的情调。如《白马篇》：

> 白马饰金羁，连翩西北驰。
> 借问谁家子？幽并游侠儿。
> 少小去乡邑，扬声沙漠垂。
> 宿昔秉良弓，楛矢何参差。
> 控弦破左的，右发摧月支。
> 仰手接飞猱，俯身散马蹄。
> 狡捷过猴猿，勇剽若豹螭。
> 边城多警急，虏骑数迁移。
> 羽檄从北来，厉马登高堤。
> 长驱蹈匈奴，左顾陵鲜卑。
> 弃身锋刃端，性命安可怀！
> 父母且不顾，何言子与妻！
> 名编壮士籍，不得中顾私。
> 捐躯赴国难，视死忽如归。

在这首诗中，曹植以浓墨重彩描绘了一位武艺高超、渴望为国立功甚至不惜牺牲生命的游侠少年形象，借以抒发自己的报国激情。开头两句以奇警飞动之笔，描绘出驰马奔赴西北战场的英雄身影，显示出军情紧急，扣动读者心弦；接着以"借问"领起，以铺陈的笔墨补叙英雄的来历；"控弦"四句极尽铺陈形容之能事，从左右上下四个方面再现了游侠出神入化的骑术和射技。明清之际的著名诗人陈祚明在《采菽堂古诗选》中评价说："'左的'、'右发'，变

宕不板,'仰手'、'俯身',状貌生动如睹,而'俯身'句尤佳。'散马蹄','散'字活甚,有声有势,厉乱而去,而马上人身容飘忽,轻捷可知。""边城"六句,遥接篇首,具体说明"西北驰"的原因和英勇赴敌的气概。最后八句展示英雄捐躯为国、视死如归的崇高精神境界。诗歌的风格雄放,气氛热烈,语言精美,称得上是情调兼胜。诗中的英雄形象,既是诗人的自我写照,又凝聚和闪耀着时代的光辉。清人朱乾在《乐府正义》卷十二中说:"篇中所云'捐躯赴难,视死如归',亦子建素志,非泛述矣。"

在《薤露行》中,曹植则以"愿得展功勤,输力于明君。怀此王佐才,慷慨独不群。"和"孔氏删《诗》《书》,王业粲已分。骋我径寸翰,流藻垂华芬"自许,表现出他对政治与文学两方面的高度自信。

在邺城期间,曹植和建安七子等文士流连诗酒,欢极一时,因此也写下不少赠答唱和之诗,如《赠徐干》《赠丁仪》《赠王粲》《送应氏》等。这一类诗大多描写邺下文人聚会咏诗的场景和他们之间的真挚友谊。如《公宴》诗:

  公子敬爱客,终宴不知疲。清夜游西园,飞盖相追随。明月澄清影,列宿正参差。秋兰被长坂,朱华冒绿池。潜鱼跃清波,好鸟鸣高枝。神飙接丹毂,轻辇随风移。飘飖放志意,千古长若斯。

这首诗情调高昂而欢畅,充满着积极向上、高亢振奋的精神,分明是曹植少年意气风发、生活欢乐的真实写照,这在曹植的诗集中,尤其在他后期的创作中是十分罕见的。在这首诗中,人与

自然的结合,情感与景物的交融,都组合成一种爽朗欢快的基调,"明月"、"列宿"、"秋兰"、"朱华"、"潜鱼"、"好鸟"都呈现出欣欣向荣,明快活泼的气象,丝毫没有半点秋气萧索的意绪。

曹植自小就在军营中长大,"生乎乱,长乎军",多次跟随父亲曹操征战沙场,亲眼目睹了东汉末年军阀割据、生灵涂炭的悲惨画面,这些经历在他早期的诗歌中也有所体现。

八方各异气,千里殊风雨。剧哉边海民,寄身于草墅。妻子象禽兽,行止依林阻。柴门何萧条,狐兔翔我宇。《梁甫行》

步登北邙坂,遥望洛阳山。洛阳何寂寞!宫室尽烧焚。垣墙皆顿擗,荆棘上参天。不见旧耆老,但睹新少年。侧足无行径,荒畴不复田。游子久不归,不识陌与阡。中野何萧条,千里无人烟。念我平生亲,气结不能言。《送应氏二首》(其一)

这两首诗都作于作者早年,用白描的手法描绘了洛阳经过董卓之乱后的残破景象,虽不能和曹操的"诗史"之作比肩,但真实地反映了那个时代的社会面貌,具备了建安诗歌的典型特征。

(二)后期诗歌创作

如果说,曹植是在"美遨游"中度过他青少年时光的话,那么,曹操去世后,曹植的后半生则是在"忧生"中艰难捱过的。建安二十五年(公元220年),曹丕称帝,成为曹植人生的转折,

曹植的厄运从此开始。先是一向拥护他的丁仪、丁翼兄弟被杀，然后是爵位被贬，自由被剥夺。从此，朝廷频繁变更他的封地，在短短的两三年时间内，他曾被两次制罪，从封地召到洛阳，受"三台九府"审议，议成"三千首戾"，要行"大辟"，如果不是卞太后极力回护，他早已被刑戮。而在封地，他也受着曹丕派出的监国使者的严厉督责，在一片忧惧惶恐的气氛中讨生活，他将这不幸的生活遭遇融入到了创作中。

在黄初、太和时期，诗人抒写的大多是他怀才不遇、壮志难酬的愤激之情，他的创作情调也由以前的豪迈乐观转为愤懑悲凉。曹植这一时期的诗歌，根据其内容不同可分为四类：

1. 愤懑诗

这类诗歌主要是表达对自己和朋友遭遇迫害的愤懑。如《野田黄雀行》：

> 高树多悲风，海水扬其波。利剑不在掌，结友何须多？不见篱间雀？见鹞自投罗。罗家得雀喜，少年见雀悲。拔剑捎罗网，黄雀得飞飞。飞飞摩苍天，来下谢少年。

建安二十四年（公元219年），曹操借故杀了曹植的亲信杨修，次年（公元220年）曹丕继位，又杀了曹植的好友丁氏兄弟。曹植身处动辄得咎的逆境，无力救助友人，深感愤忿，内心十分痛苦却无处发泄，只好写诗寄意。他苦于手中无权柄，故而在诗中塑造了一位"拔剑捎罗网"、拯救无辜者的少年侠士，借以表达自己的心

曲。此诗开端,诗人以"高树多悲风,海水扬其波"的意象渲染出浓郁的悲剧气氛,隐喻当时政治形势的险恶;而少年拔剑捎网的形象则寄寓着诗人冲决罗网、一试身手的热切愿望。诗中以鹞和罗网代表恶势力,黄雀象征受害者,少年则代表曹植的理想。写出了恶势力的强大,朋友的无辜受害以及自己的无能为力。此诗意象高古,语言警策,急于有为的壮烈情怀跃然纸上。梁代刘勰称此诗"格高才劲,且长于讽谕"(《文心雕龙·隐秀》),确是中肯之论。

这方面的另一典型作品是《赠白马王彪》:

黄初四年五月,白马王、任城王与余俱朝京师,会节气。到洛阳,任城王薨。至七月,与白马王还国。后有司以二王归藩,道路宜异宿止,意毒恨之!盖以大别在数日,是用自剖,与王辞焉,愤而成篇。

谒帝承明庐,逝将归旧疆。清晨发皇邑,日夕过首阳。
伊洛广且深,欲济川无梁。泛舟越洪涛,怨彼东路长。
顾瞻恋城阙,引领情内伤。

太谷何寥廓,山树郁苍苍。霖雨泥我途,流潦浩纵横。
中逵绝无轨,改辙登高冈。修坂造云日,我马玄以黄。

玄黄犹能进,我思郁以纡。郁纡将难进,亲爱在离居。
本图相与偕,中更不克俱。鸱枭鸣衡轭,豺狼当路衢。
苍蝇间白黑,谗巧令亲疏。欲还绝无蹊,揽辔止踟蹰。

曹　植

踟蹰亦何留？相思无终极！秋风发微凉，寒蝉鸣我侧。
原野何萧条！白日忽西匿。归鸟赴乔林，翩翩厉羽翼；
孤兽走索群，衔草不遑食。感物伤我怀，抚心常太息。

太息将何为？天命与我违！奈何念同生，一往形不归。
孤魂翔故域，灵柩寄京师。存者忽复过，亡殁身自衰。
人生处一世，去若朝露晞。年在桑榆间，影响不能追。
自顾非金石，咄唶令心悲。

心悲动我神，弃置莫复陈。丈夫志四海，万里犹比邻。
恩爱苟不亏，在远分日亲；何必同衾帱，然后展殷勤！
忧思成疾疢，无乃儿女仁。仓猝骨肉情，能不怀苦辛！

苦辛何虑思？天命信可疑！虚无求列仙，松子久吾欺。
变故在斯须，百年谁能持。离别永无会，执手将何时？
王其爱玉体，俱享黄发期。收泪即长路，援笔从此辞。

　　黄初四年（公元223年），曹植和他的同母兄任城王曹彰，以及异母弟白马王曹彪一起到京城洛阳参加"会节气"的活动。在此期间，"武艺壮猛，有将领之气"（《三国志·魏书·任城威王彰传》）的曹彰突然暴死。会节气过后，诸侯王返回各自的封地。弟兄三人一块来的，如今回去的却只剩下两个人，曹植心里已经非常难过；谁会想到朝廷还派了一名叫做灌均的监国使者，沿途监视诸王归藩，并规定诸侯王在路上要分开走，限制他们互相接触，这样就使得曹植越发难堪和愤怒。面对着骨肉相残、生离死别，

曹植愤恨之极，在悲痛之下写了这首五言杰作。诗中流露出作者那种深沉而又强烈的悲痛之情，具有强大的震撼力量。南宋词人刘克庄评价说："子建此诗忧伤慷慨，有不可胜言之悲。"

《赠白马王彪》共分七章，表现了曹植恐怖、悲伤、痛恨和愤怒相互交织的复杂感情，深刻地揭发了统治阶级内部的尖锐矛盾。全诗气魄宏伟，结构严谨。曹彰之死有如一个阴影笼罩全篇，由此构成的悲剧气氛，在序文和一、五、六、七各章里都反复渲染，突出了这一事件的严重后果。中间"欲济川无梁"、"中途绝无轨"、"欲还绝无蹊"的"三无"，把作者走投无路、进退失据、悲愤交加的境遇和心情联结起来，并使文气贯通，前后勾连。

《赠白马王彪》一诗，是继屈原《离骚》之后，中国文学史上又一首长篇抒情诗。诗的正文共八十句，四百字，篇幅之长、、结构之巧、感情之深在古典文学作品中是不多见的。

2. 思妇、弃妇诗

用思妇、弃妇托寓身世，表白心迹。这类诗歌或叹盛年无偶，或自述无辜被弃，主旨在于抒发自己的失意。郭茂倩《乐府诗集》卷六十三《美女篇》云："美女者，以喻君子。言君子有美行，愿得明君而事之。若不遇时，虽见征求，终不屈也。"

《杂诗》（南国有佳人），写一位美女深感"俯仰岁将暮，荣曜难久恃"；《美女篇》写一位容貌出众，心"慕高义"、志在"思贤"的佳人"盛年处房中，中夜起长叹"，都是通过描写美女的现实境遇、悲惨感受来表现诗人不能及时为世所用的隐忧。而《嗟吁篇》则以"转蓬"为喻，通过写蓬草的"流转无恒处，谁知吾苦艰"，来反映他"十一年中而三徙都"的漂泊不定的生活。这

类诗歌中最著名的是《七哀》：

> 明月照高楼，流光正徘徊。
> 上有愁思妇，悲叹有余哀。
> 借问叹者谁？言是宕子妻。
> 君行逾十年，孤妾常独栖。
> 君若清路尘，妾若浊水泥；
> 浮沉各异势，会合何时谐？
> 愿为西南风，长逝入君怀。
> 君怀良不开，贱妾当何依！

曹植是有政治野心、期盼成就丰功伟业的。可是满腔热情期待大展身手的臣子，如果不能获得君主的赏识任用，便失去了施展才华、为国效力的机会，无法实现自己的人生价值。这样的君臣关系，就仿佛那个时代全心依靠男性的女子，一朝被夫君离弃，那就是没了依傍的怨妇，失去生存的价值以及生命的重心。

诗人自比"宕子妻"，以思妇被遗弃的不幸遭遇来比喻自己在政治上被排挤的境况，以思妇与丈夫的离异来比喻他和身为皇帝的曹丕之间的生疏"甚于路人"、"殊于胡越"。诗人有感于兄弟之间"浮沉异势，不相亲与"，进一步以"清路尘"与"浊水泥"来比喻二人境况悬殊。"愿为西南风，长逝入君怀"，暗暗吐露出思君报国的衷肠；而"君怀良不开，贱妾当何依"，则对曹丕的绝情寡义表示愤慨，流露出无限凄惶之感。全诗处处从思妇的哀怨着笔，句句暗寓诗人的遭际，诗情与寓意浑然无间，意旨含蓄，笔致深婉，确有"情兼雅怨"的特点。

3. 述志诗

父亲曹操的耳濡目染再加上他自己在军营中的成长经历，使得曹植从小就有积极进取之心，英气勃发、雄心万丈。尤为难能可贵的是，曹植即使到了后期，在受尽"萁豆相煎"的情况下，仍然"穷且益坚，不坠青云之志"（王勃《滕王阁序》）。他想要报效朝廷、建功立业的用世之心，屡屡诉诸诗赋。

《杂诗》（"仆夫早严驾"）就是这方面的代表作：

仆夫早严驾，吾行将远游。远游欲何之？吴国为我仇。
将骋万里途，东路安足由！江介多悲风，淮泗驰急流。
愿欲一轻济，惜哉无方舟。闲居非吾志，甘心赴国忧。

诗的前六句写远赴吴仇，凭空直叙而起，即顶远字，透过一笔，然后跌转，势极凌厉。中间"江介"四句，指的是赴吴国的水路，欲济无舟，暗点君不见用，可谓双笔双锋。最后两句表白本心，希望君主明白自己的一片爱国之心。"国忧"两字是全诗的归宿处。全诗交织着希望与失望的矛盾，理想与现实的反差，其闲居之苦，洋溢全篇。清人张玉谷说："此首直赋用世之志。可括《求自试表》。"

曹植对政治的热忱、渴望建功立业的决心在多首诗作中都有体现。如：

愿得展功勤，输力于明君。怀此王佐才，慷慨独不群。（《薤露行》）

烈士多悲心，小人偷自闲。国仇亮不塞，甘心思丧元。(《杂诗·飞观百余尺》)

仇念皇家，远怀柔九州。抚剑而雷音，猛气纵横浮。汎泊待啸嗷，谁知壮士忧。(《鰕䱇篇》)

4. 游仙诗

曹操死后，曹植的生活境遇和政治地位急转直下，不仅在人身上没有自由，而且时有性命之忧。他在现实世界中处处碰壁，深感时光流逝，功业无成。于是他渴求自由，企慕长生，运用浪漫主义的创作手法，将自己的这种感情融入诗歌创作，写下了《仙人篇》《五游咏》《游仙诗》《远游篇》《升天行》等佳作，为我们创造了一个瑰玮奇丽、自由清纯的想象世界，并幻想在其中得到解脱。如《远游篇》：

远游临四海，俯仰观洪波，大鱼若曲陵，乘浪相经过。
灵鳌戴方丈，神岳俨嵯峨！仙人翔其隅，玉女戏其阿。
琼蕊可疗饥，仰首吸朝霞。昆仑本吾宅，中州非我家。
将归谒东父，一举超流沙。鼓翼舞时风，长啸激清歌。
金石固易敝，日月同光华。齐年与天地，万乘安足多！

曹植特殊的人生经历，使他的游仙诗决然不同于别人。诗中辽阔、飞动、高旷的意象，与现实生活的孤独、拘束、苦闷呈现出鲜明的对比。

再如名篇《五游咏》：

九州不足步，愿得凌云翔。逍遥八纮外，游目历遐荒。
披我丹霞衣，袭我素霓裳。华盖芳晻蔼，六龙仰天骧。
曜灵未移景，倏忽造昊苍。阊阖启丹扉，双阙曜朱光。
徘徊文昌殿，登陟太微堂。上帝休西棂，群后集东厢。
带我琼瑶佩，漱我沆瀣浆。踟蹰玩灵芝，徙倚弄华芳。
王子奉仙药，羡门进奇方。服食享遐纪，延寿保无疆。

诗人在此诗中，用富于想像的生动笔触，描绘出一幅缥缈绮丽的仙景天宫，又渲染自己在天宫中所受到的隆重的接待，以此发泄在不得自由、动辄得咎的人世所积蓄在心头的肮脏气。

清人朱乾《乐府正义》卷五记载："读曹植《五游》《远游篇》，悲植以才高见忌，遭遇艰厄。灌均之谗，仪、廙受诛，安乡之贬，幸而。时诸侯王皆寄地空名，国有老兵百余人以为守卫，隔绝千里之外，不听朝聘，设防辅监国之官，以伺察之。法既峻切，过恶日闻，惴惴然朝不知夕。所谓'九州不足步，中州非我家'，皆其忧患之词也。至云'服食享遐纪，延寿保无疆'，则其忧生之心为已蹙矣。"

曹植的游仙诗可以看作是一种心灵的抒情，一种渴慕精神自由驰骋的寄寓，是他后期牢笼生活的"世外桃源"。曹植并不相信神仙之说，《赠白马王彪》有言："苦辛何虑思，天命信可疑！虚无求列仙，松子久吾欺。变故在斯须，百年谁能持。"曹植不是要成仙，而是向往神仙可以超脱于世俗之外，可以摆脱种种现实的束缚。他也不是要长寿，而是期冀生存空间的拓展。人间欢娱少，想在仙界

寻求精神寄托。这也是他强烈的功名理想不能实现的又一折射。

二、曹植诗歌的艺术特色

"子建诗，五色相宣，八音朗畅，使才而不矜才，用博而不逞博。"这是沈德潜对曹植诗歌的赞颂。"才高八斗"的曹植用其敏锐的才思写出一首首映照千古的诗歌。钟嵘在《诗品》中概括曹植诗的风格说："骨气奇高，词采华茂，情兼雅怨，体被文质。"

"词采"与"骨气"的结合，是曹植诗歌的基本风格。曹植的诗充满了建功立业的豪情壮志，体现了慷慨赴难的献身精神，贯穿了捐躯为国的爱国情感，同时也诉说了诗人的人生悲剧，抒发了诗人的幽怨与不平，表达了古往今来的知识分子受压抑、受迫害的切肤之痛，从而形成了"骨气奇高"、神采焕发的风格，也表现出"情兼雅怨"、慷慨悲凉的情调。"骨气奇高"偏重刚健，"情兼雅怨"则偏于柔韧，曹植诗歌总的风格特征正是这种刚健美和柔韧美的融合与统一。他的作品大多刚中有柔，柔中有刚，刚柔相济，浑然天成，这种风格自然是集众家之长的结果。刘勰在其《文心雕龙·时序》篇中评价建安诗歌说："观其时文，雅好慷慨，良由世积乱离，风衰俗怨，并志深而笔长，故梗概而多气也。"悲凉慷慨的艺术风格是建安诗人的共同特点，但曹植诗歌在艺术上高于其他诗人之处，正在于他不但具有"情兼雅怨"、慷慨悲凉的柔韧美，而且也具有"骨气奇高"、神采焕发的刚健美。这是曹植诗歌的重要成就，也是曹植对诗歌艺术的伟大创造。

（一）"骨气奇高"的阳刚美

曹植的诗歌，贯穿着一种强烈的积极建功立业的精神，这是

他一生执着追求功名的生命精神的真实写照。曹植对政治事业始终怀有热忱，希望自己可以辅佐君主、匡济天下，救民于水火。正如他在《与杨德祖书》中说："犹庶几戮力上国，流惠下民，建永世之业，流金石之功，岂徒以翰墨为勋绩，辞赋为君子哉？"这种强烈的政治抱负和不懈追求生命的精神构成了他诗歌"骨气奇高"的昂扬基调。

青少年时代的曹植，生活优渥，意气风发，天生的才华再加上父亲的宠爱，使得他对未来充满自信。他把满腔的热情和远大的理想融入到文学创作中，因此他早期的诗歌中洋溢着乐观向上、积极进取的浪漫情调，有一股雄奇之美。在曹植的笔下常常出现传奇式的英雄少年形象，他们英俊潇洒、志向远大、武艺高强、保国安邦。如《白马篇》中的幽并游侠儿，他少小离家，扬声边陲，骑射超人，勇猛无敌。游侠儿的形象正是诗人自己理想的寄托，豪情报国的抒发，明显地表达了作者对建功立业的向往和英雄事业的追求。"弃身锋刃端，性命安可还？父母且不顾，何言子与妻！名编壮士籍，不得中顾私。捐躯赴国难，视死忽如归。"这样充满豪迈的诗意，乐观向上的精神，建功立业的决心，骨气雄浑的英雄气概正体现了他开阔的胸襟、蓬勃的斗志。所有这些毋庸置疑都显示出骨气奇高的阳刚之美，表现为一种粗犷、激荡、雄伟的特征。

然而，曹植命运多舛，立嗣之争的失败，不但使他失去了父亲的宠爱，更是深受曹丕的猜忌，空怀报国理想却无处实现，表现在诗歌语调中往往不免透露出一股悲凉哀伤的意味，"仆将早严驾，吾将远行游。远游欲何之？吴国为我仇。""闲居非吾志，甘心赴国忧。"这是他在曹彰之死和监国使者的压抑下，精神十分

痛苦的时候写下的。同时期还写了《赠白马王彪》，充满着悲愤哀伤、寥落惆怅之情。长时间的心灵压抑，使得曹植在诗中爱用思妇、怨妇、弃妇的形象，表达自己得不到重用的失望和对政治的眷恋不舍之情。他采用含蓄的手法来强烈表达自己的沉痛至极，从而形成了诗歌的含蓄阴柔之美，这是"骨气奇高"的另外一种表达方法。这类诗大都长于心灵独白，情语多于景语。这些思妇、怨妇、弃妇大都敢于表达自己的厌恨，袒露自己的胸怀，如《七哀》诗几乎是全篇独白，感情跌宕起伏，满腔的哀怨，隐喻着作者的愤愤不平。尽管曹丕父子并不信任他，但曹植还是没有间断对功业的追求，依然对君主持有一丝希望，希望君主有一天能敞开心扉接纳自己。"愿为西南风，长逝入君怀"、"愿为南流景，驰光见我君"，沉痛而悱恻中透露出一股怨恨之气。

被猜忌、被排挤以及理想不能实现的残酷现实，就像一块大石压得曹植喘不过气来，不得不在诗中勾勒出一个虚幻的神仙世界来寻求精神上的寄托。但虚幻的神仙世界是无法消除现实中的苦闷的，这些游仙诗同样也消解不了他一身的英雄气概，无法泯灭他深切的悲愤。虚幻的仙境依然是作者孤寂凄凉的反映。所以他在《苦行思》中追踪仙人，却得到了"教我要忘言"的诲示。

对渴望建功立业的慷慨情怀的激昂抒发，对备受压抑的苦闷悲伤的深婉吟唱，以及在游仙诗中对恢宏境界的解脱式追求，这三者够成了曹植诗对一个觉醒了的个性心灵的丰富而深沉的表现，这也是"骨气奇高"的表现。

(二) "词采华茂"的风韵美

词采华茂是诗歌形式上的表现。作为"建安之杰"的伟岸才

子，曹植诗既不同于父亲曹操的古直悲凉，也不同于哥哥曹丕的婉约雅倩，他以自己的方式兼其父兄之长，"骨气奇高，词采华茂，情兼雅怨，体被文质"，达到了一种摇曳幽深的风韵之美。

曹植注重语言的琢磨推敲，善于运用华丽整饬的词藻，给人以视觉上的美的享受。譬如《美女篇》："美女妖且闲，采桑歧路间。柔条纷冉冉，落叶何翩翩。攘袖见素手，皓腕约金环。头上金爵钗，腰佩翠琅玕。明珠交玉体，珊瑚间木难。罗衣何飘飘，轻裾随风还。顾盼遗光彩，长啸气若兰。行徒用息驾，休者以忘餐……"诗人以华艳美丽的词语，把一个采桑女子写得光彩照人：容貌艳丽、性格娴静的女子在冉冉柔条的桑林间采桑；柔嫩的枝条纷纷摇动，采到的桑叶翩然而下；洁白的手腕上戴着的金镯子、头上的金钗、身上的明珠、随风飘荡的罗衣，构成了一幅生动的采桑图画，使我们好像真的看到了一个素手皓腕、风度翩翩、顾盼生姿、气啸如兰的美女在柔软的桑条之间采桑的动人景象。此诗足见诗人用词华美、精炼的功力。明朝胡应麟在《诗薮·内编》第二卷中说："子建《名都》《白马》《美女》诸篇辞极赡丽，然句颇尚工，语多致饰。""辞藻宏富，而气骨苍然"，这些赞美正说明曹植诗的语言华美。《磐石篇》，诗人用近乎完美的语言感慨人生的变化多端、生命的无常，对自己人身自由受到限制而感到无奈痛苦。他把自己建功立业的坚定志向用精美绝伦的语言表达出来："高坡凌云霄，浮气象螭龙。鲸脊若丘陵，须如山上松。……"使读者看到一个坚韧不拔，乘风破浪的英雄形象。

语言不仅是作品的重要组成部分，而且还是传达作者思想感情的重要手段。诗歌这种浓缩的文学形式局限了语言的扩展，于是曹植就用最华丽的语言来彰显其诗歌的情感。这些绚丽的辞藻

来自于作者丰富细腻感情的需要，同时也是文学审美发展的必然趋势。

曹植在诗歌上极具遣词造字的功夫，尤其表现在炼字方面，"以最洗练最精彩的语言，表达复杂的思想感情"。如《公宴》诗："明月澄清景，列宿正参差。秋兰被长坂，朱华冒绿池。潜鱼跃清波，好鸟鸣高枝……""被"字与"冒"字这两个动词把茂盛的植物形象准确地表现出来，写出秋兰遍满长坂，芙蓉漂浮于绿水的情景。而秋兰、绿池、鱼跃、鸟鸣更是动静结合，动中有静，静中有动，声、色俱全，达到了"人闲桂花落，鸟鸣深涧中"的效果，且对偶精工，置之于唐人律体也并不逊色。

《白马篇》更是字字珠玑，"控弦破左的，右发催月支。仰首接飞猱，俯身散马蹄。"作者准确选用了"控"、"催"、"接"、"散"这四个动词，并且从不同方向（左、右、上、下）对游侠儿高强武艺进行精妙描写。"接"写其敏捷，"散"言其力猛，行动描写配以夸张、比喻，把一位骑射精湛、武艺高强的游侠儿形象栩栩如生地展现在读者面前。"长驱蹈匈奴，左顾凌鲜卑"，写游侠儿英勇顽强，锐不可当。"蹈"、"凌"二字形象地表现其威力。这些无不表现出曹植诗歌方面的炼字功力。

曹植诗还非常讲究韵律，增进了诗歌语言的和谐。例如："朝游北海岸，夕宿潇湘沚"（《杂诗》），"孤魂翔故城，灵柩寄京师"（《赠白马王彪》）等诗句，平仄协调，音调铿锵，读来适口，听之忘倦，为五言诗的声律化奠定了坚实的基础。另外，曹植诗中还常常使用双声叠韵的复音词，如"柔条纷冉冉，落叶何翩翩"（《美女篇》）、"明月照高楼，流光正徘徊"（《七哀》）等诗句，正是"冉冉"、"翩翩"、"徘徊"等叠韵词语的使用，使

曹植的诗音调谐和、"文才富艳"，由此也可看出见曹植在修辞、用律方面的功夫。

　　总而言之，曹植的诗是风骨与词采的完美结合，文质并重使得他的诗歌既有慷慨悲怆的情调，又蕴含绚丽璀璨的词采。这些独特的艺术魅力使曹植不愧为建安时期最杰出的诗人，他的作品也不愧为建安文学发展的最高成就。

第五章　曹植的辞赋成就

曹植在赋体发展史上是关键性人物之一。他"年十岁余，诵读诗论及辞赋数十万言，善属文。"（《三国志·魏书·陈思王植传》）自称"少而好赋，其所尚也，雅好慷慨，所著繁多"。曹植的赋，众体兼备，散体、骚体、骈体等在其笔下皆挥洒自如。钟嵘《诗品》对他评价甚高："陈思之于文章也，譬人伦之有周、孔，鳞羽之有龙凤，音乐之有琴笙，女工之有黼黻。"曹植是建安赋家创作最多的一位，也是水平最高的，被誉为"赋颂之宗，作者之师"。

一、题材广泛、内容丰富

曹植的赋今存五十余篇，除《洛神赋》等三四篇外，多数是残缺不全的。根据赋中所表现的内容及情感，可分为感时伤怀、咏物言志以及爱情婚姻等三类。

（一）感时赋

四时节气的更替变化，总给人不一样的感受，一朵春花，一阵夏雨，一片秋叶，一瓣冬雪，让不同的人想起不同的事，激荡

起不同的情感涟漪,从而勾起创作的冲动。正如钟嵘在《诗品·序》中所说:"气之动物,物之感人,故摇荡性情,形诸舞咏。"

曹植同其他文人一样,在时节交替之际,往往因物感怀,发而作赋。如《感节赋》:

> 携友生而游观,尽宾主之所求。登高墉以永望,冀销日以忘忧。欣阳春之潜润,乐时泽之惠休。望候雁之翔集,想玄鸟之来游。嗟征夫之长勤,虽处逸而怀愁。惧天河之一回,没我身乎长流。岂吾乡之足顾,恋祖宗之灵丘。惟人生之忽过,若凿石之未燿。慕牛山之哀泣,惧平仲之我笑。折若华之翳日,庶朱光之常照。愿寄躯于飞蓬,乘阳风之远飘。亮吾志之不从,乃拊心以叹息。青云郁其西翔,飞鸟翩而止匿。欲纵体而从之,哀余身之无翼。大风隐其四起,扬黄尘之冥冥。野兽惊以来群,草木纷其扬英。见游鱼之涔灂,感流波之悲声。内纡曲而潜结,心怛惕以中惊。匪荣德之累身,恐年命之早零。慕归全之明义,庶不悉其所生。

春日出游本来是想"消日以忘忧"的,可是看见春天景物的美丽,想到的却是人生倏忽而过,像凿石头摩擦出的短暂火花,这个比喻恰当地表露出了作者感叹自己终日无所事事、不能实现理想的哀痛。曹植在封地事事受到监国使者的监视,名为藩王,实为囚徒,终日"禽息鸟视",如"圈牢之养物"(《求自试表》),没有行动自由。真想插翅高飞以展鸿图,无奈行动尚且没有自由,又何谈实现理想抱负?这篇赋是曹植在与友人游玩时所作,写景

抒情，句句有感而发，与一般游览赋大量描写景物有所区别。"欣"、"乐"、"嗟"、"惧"、"恋"、"慕"、"愿"、"哀"、"惊"、"感"、"恐"、"慕"等字眼饱含深情，作者在携友人游观、登高望远时，面对潜润的阳春，一派欣欣向荣的景象，触目伤怀，联想到自己"有志不获驰"，插翅不能飞的困窘，感慨抒怀，情感深沉迂曲。其中"惧天河之一回，没我身乎长流"，"唯人生之忽过，若凿石之未燿"，"匪荣德之累身，恐年命之早零"几句集中描写了作者面对春光明媚却担心"吾志之不从"的深沉忧患意识，是赋作的中心意旨。

《秋思赋》则是悲秋之作，其赋云：

四节更王兮秋气悲，遥思惝恍兮若有遗。原野萧条兮烟无依，云高气静兮露凝衣。野草变色兮茎叶稀，鸣蜩抱木兮雁南飞。西风悽悷兮朝夕臻，扇箑屏弃兮絺绤捐。归室解裳兮步庭前，月光照怀兮星依天。居一世兮芳景迁，松乔难慕兮谁能仙？长短命也兮独何怨！

这是一篇骚体赋，具有强烈的抒情性。如果去掉每句诗中的"兮"字，《秋思赋》就成为一首形式规整的七言诗。面对萧瑟的秋景，作者撷取了"烟无依"、"露凝衣"、"草变色"、"雁南飞"、"星依天"等多种意象来加以表现，伤怨而又孤寂的痛觉萦绕其中。这与《赠白马王彪》中的"虚无求列仙，松子久吾欺"句意相同，都是对长生的神仙持怀疑态度。

孔子感叹"逝者如斯夫，不舍昼夜"，屈原叹息"日月忽其不淹兮，春与秋其代序"，"惟草木之零落兮，恐美人之迟暮"。人

的生命意识，在按照自然规律春荣秋零的自然景物面前，格外的强烈与震撼，这种对时光不再的叹息，是不满于生命自身的现实存在形式。曹植怀抱"戮力上国，流惠下民，建永世之业，流金石之功"的理想，而现实却是"禽息鸟视"，如"圈牢之物"。光阴虚掷，岁月蹉跎，老而无成。这种感叹《幽思赋》中也有所体现：

> 倚高台之曲隅，处幽僻之闲深；望翔云之悠悠，羌朗霁而夕阴。顾秋华而零落，感岁莫而伤心。观跃鱼于南沼，聆鸣鹤于北林。搦素笔而慷慨，扬大雅之哀吟。仰清风以叹息，寄余思于悲弦。信有心而在远，重登高以临川。何余心之烦错，宁翰墨之能传。

秋华零落，岁暮伤心。即使登高望远，观鱼跃，聆鹤鸣也无法排遣；既使手握素笔，可怜"借酒浇愁愁更愁"，都无济于事。到底是何种愁苦呢，曹植并没有明说，然而"此时无声胜有声"，也许不说出来更好，温婉平和。越是"愁"，便越要"言志"，只有在对志向的执着追求中，才能消弹其在现实中的愁苦。清人丁晏评论道："楚骚之遗，风人之旨。托体楚骚，而同性见疏，其志同其怨亦同也。文辞凄咽深婉，何减灵均？"

（二）咏物赋

建安时代，文人的情感得以张扬，人们往往不想直白地说出喜悦、悲伤、忧惧的情绪，总是以物为媒、以比兴为方法表达己志、衬托心情，曹植的咏物赋就是这样，无论赋动物还是植物、

器物，都蕴含着一定的寄托在其中。

曹植的咏物赋分为咏动物与咏植物。

曹植的咏动物赋主要有《鹦鹉赋》《神龟赋》《白鹤赋》《蝉赋》《鹖赋》《离缴雁赋》《鹞雀赋》和《蝙蝠赋》等。与那些血淋淋的田猎赋有本质区别的是，这些动物赋中所体现出来的主要感情是同情和关注。

如作于早期的《离缴雁赋》：

怜孤雁之偏特兮，情惆焉而内伤。寻淑类之殊异兮，禀上天之休祥。含中和之纯气兮，赴四节而征行。远玄冬于南裔兮，避炎夏于朔方。白露凄以飞扬兮，秋风发乎西商。感节运之复至兮，假魏道而翱翔。接羽翩以南北兮，情逸豫而永康。望范氏之发机兮，播纤缴以凌云。挂微躯之轻翼兮，忽颓落而离群。旅暗惊而鸣远兮，徒矫首而莫闻。甘充君之下厨，膏函牛之鼎镬。蒙生全之顾复，何恩施之隆博！于是纵躯委命，无虑无求；饥食稻粱，渴饮清流。

这是一篇应景之作，曹植借赋中动物的状况来抒发自己的感情。面对这只"离缴雁"，曹植"怜而赋"。本来这只大雁"接羽翩以南北兮"，只要按朝着既定的路线飞翔就会"情逸豫而永康"，然而却突遇灾祸，"颓落而离群"。受惊的大雁仰天鸣叫，却无人闻听，在极其无助、悲凉的情境下奇迹获救，大雁感恩戴德。经历了此番磨难，曹植借大雁之口说出了自己的感受，即"纵躯归命，无虑无求"，只要能平安自由地生活，即使"饥食稻粱，渴饮

清流"也心甘情愿。这种心态，虽是曹植在应景之作时的即时而发，却又反映了汉末建安时期，天下动荡，天灾人祸并起，人命微浅，朝不保夕状况下，文士的一种心理，应该说这种心理是那个时代文人内在精神的一种折射。

再如曹植的《神龟赋》，序云："龟寿千岁。时有遗余龟者，数日而死，肌肉消尽，唯甲存焉。余感而赋之。"神龟作为"奇物"，它"下夷方以则地，上规隆而法天"法象天地，又有"惜严周之抗节"的气节，然而终究没有摆脱"嗟禄运之屯蹇，终遇获于江滨"的命运。万物都将死亡，即使是黄帝、松乔、龙、蛇都逃不脱"迁化"之命运。最终曹植深沉地喟叹"天道昧而未分，神明幽而难烛"，抒发自己屡遭迫害的强烈愤慨。

《蝙蝠赋》是曹植歌咏动物的赋中少见的嫉邪愤俗之作。全赋由整齐的四言组成，语调铿锵，"行不由足"、"飞不假翼"、"谓鸟不似"、"巢不哺鷇"、"空不乳子"、"不容毛群"、"下不蹈陆"与"上不冯木"等句中八个"不"字的连用，把"形殊性诡"的蝙蝠描绘了出来。对蝙蝠的厌恶其实正是曹植对群小的厌恶之情的比喻，通过对蝙蝠丑陋的贬斥从而宣泄了胸中的愤激之情。曹植"人品甚正，志向甚远"，但终究敌不过邪恶势力，猜忌、压抑、煎迫使曹植时时刻刻处于薄冰一般的境地。《蝙蝠赋》就是曹植对这些邪恶势力的控诉。

曹植咏植物的赋有《芙蓉赋》《橘赋》《迷迭香赋》和《槐赋》。其中后两篇是为同题共作。

先看他的《槐赋》：

美良木之华丽，爱获贵于至尊。凭文昌之华殿，森列峙乎端门。观朱榱之振条，据文陛而结根。畅沉阴以博覆，似明后之垂恩。在季春以初茂，践朱夏而乃繁。覆阳精之炎景，散流耀以增鲜。

《槐赋》是曹丕发起的唱和之作，他在序中说："文昌殿中槐树，盛暑之时，余数游其下，美而赋之；王粲直登贤门，小阁外亦有槐树，乃就使赋焉。"曹植的《槐赋》带有自身理想的折射之光，其赋取其"垂恩"、"获贵"之意。从"灵根"开始，一直到"修干"、"绿叶"，从头到脚作了通体的描述。同样，王粲的《槐赋》也是如此，对槐树的"令质"与"美丽"加以描述，符合赋这一文体的一个重要特征——"体物"。而曹植的《槐赋》则脱离了对槐树外形的描述，从头至尾，都在感慨抒情，以槐树自喻，希望自己这棵华丽的"良木"能够"获贵于至尊"，"覆阳精之炎景，散流耀以增鲜"，能有所作为。

芙蓉，是荷花的别称，古人赋芙蓉皆取其出淤泥而不染之意，喜其花叶摇曳，质洁体素，曹植的《芙蓉赋》更是将其抬至百卉之"独灵"的高度。

览百卉之英茂，无斯华之独灵！结修根于重壤，泛清流而擢茎。退润玉宇，进文帝庭。竦芳柯以从风，奋纤枝之璀璨。其始荣也，皎若夜光寻扶桑；其扬辉也，晃若九阳出旸谷。芙蓉蹇产，菡萏星属。丝条垂珠，丹荣吐绿。煜煜韡韡，烂若龙烛。观者终朝，情犹未足。于是狡童媛女，相与同游，擢素手于罗袖，接红葩于中

流。

早在《诗经》当中就已经出现了芙蓉（荷花），如："隰有荷花""有蒲有荷"。《离骚》中也有"制芰荷以为衣兮，集芙蓉以为裳"。芙蓉从此进入了文学审美视野，但还只是作为文人兴发的一个引子，并没有完全成为文人眼中的审美对象。而建安时期的文人则对芙蓉有了更深的审美认识，芙蓉成为了一个独立的意象，它远继风骚咏物重兴寄的传统，大开六朝咏物重刻画的风气。曹植的《芙蓉赋》从芙蓉的根写起，"结修根于重壤，泛清流而擢茎"，进而又抓住其在含苞待放时与怒放时的不同情态："其始荣也，皎若夜光寻扶桑；其扬晖也，晃若九阳出旸谷。"接下来的四字句又分别从芙蓉的叶、苞、蕾、子等方面逐一描绘，"烂若龙烛"，艳丽无比。

（三）爱情婚姻赋

曹植之前，赋的题材基本停留在"京殿苑猎，述行叙志"和"草区禽族，庶品杂类"（刘勰《文心雕龙·诠赋》）上。而曹植拓宽了赋的创作题材，他的赋更多地关注民生、民情，尤其表现在他的爱情婚姻赋的创作上。这一类型的赋集中反映了曹植的爱情、婚姻观，表达了对社会下层妇女的同情和对男女不平等的社会现实的愤怒。

曹植爱情婚姻题材的赋有两种：一是世俗婚姻，二是神域爱情。其中世俗婚姻的赋作都是以"男子作闺音"的女性视角，用"拟代"的女性口吻来抒发感情，而神域爱情的赋则完全站在男性的立场，以男性视角来观察和体验。

曹植有四篇反映世俗婚姻的赋，即《叙愁赋》《出妇赋》《感婚赋》《愍志赋》，采用的都是女性视角，且都是第一口吻，注重心理描写。如作于建安十八年的《叙愁赋》，其序曰："时家二女弟，故汉皇帝聘以为贵人。家母见二弟愁思，故令予作赋"。曹植受命写道："对床帐而太息，慕二亲以憎伤；扬罗袖而掩涕，起出户而彷徨。"生动表现了即将嫁为他人妇而远离父母的少女依依不舍又无可奈何的心理，缠绵而哀伤。

《出妇赋》是曹丕、曹植与王粲同题共作的作品，为弃妇鸣不平：

妾十五而束带，辞父母而适人。以才薄之陋质，奉君子之清尘。承颜色而接意，恐疏贱而不亲。悦新婚而忘妾，哀爱惠之中零。遂摧颓而失望，退幽屏于下庭。痛一旦而见弃，心忉忉以悲惊。衣入门之初服，背床室而出征。攀仆御而登车，左右悲而失声。嗟冤结而无诉，乃愁苦以长穷。恨无愆而见弃，悼君施之不终。

从女子出嫁时的诚惶诚恐到遭到抛弃后的哀怨悲痛，《出妇赋》都作了较为细致的描写，层次感很强，尤其是把弃妇无辜被弃的哀怨、留恋与心存希望以及对夫君的抛弃和有始无终进行了控诉，对被弃女性的前后心理发展进行了全方位的展现。

《感婚赋》描写了一位怀春少女的淡淡忧愁：春天来了，草木发芽，花儿绽放，昆虫鸣叫，万物复苏。而有一位少女却望着美景"搔首屏营"，原来是"悲良媒之不顾，惧欢媾之不成"。最后两句："慨仰首而太息，风飘飘以动缨。"少女仰脸长叹和风吹缨

动的样子仿佛就在眼前。《愍志赋》首先交待了写作背景："或人有好邻人之女者，时无良媒，礼不成焉！彼女遂行适人。有言之于予者，予心感焉，乃作赋。"某个人喜爱邻家女，却贻误时机而使心爱的人儿转嫁他人，这件事无疑触动了曹植敏感细腻的心弦，于是感而作赋，真是满纸辛酸泪：

窃托音于往昔，迨来春之不从。思同游而无路，情壅隔而靡通。哀莫哀于永绝，悲莫悲于生离。岂良时之难俟，痛予质之日亏。登高楼以临下，望所欢之攸居。去君子之清宇，归小人之蓬庐。欲轻飞而从之，迫礼防之我拘。

仍然是用女子口吻、第一人称的写法，描写了男女相爱却不能终身相守的悲哀，心中有爱但现实中却是真情被阻，世上没有比这更让人痛苦的了。其中"哀莫哀于永绝，悲莫悲于生离"的哀叹形象地再现了痴情女子为爱守候、为爱憔悴的状貌，读来不禁让人为之感叹。

曹植描写神域爱情的赋是专写男子对女子的爱慕之情的，以旁观者的身份、男性的视角观照，《静思赋》和《洛神赋》是这种题材的代表。

曹植的《静思赋》写道：

夫何美女之娴妖，红颜晔而流光。卓特出而无匹，呈才好其莫当。性通畅以聪慧，行嬿密而妍详。荫高岑以翳日，临绿水之清流。秋风起于中林，离鸟鸣而相求。

愁惨惨以增伤悲，予安能乎淹留。

曹植用男性视角来审视女性，语言唯美华丽，辞藻丰富。曹植笔下的美女首先是要具有外表上的"娴妖"的特点，即具有一种流光溢彩、富丽堂皇、明艳照人的美。早在《美女篇》中我们就曾看到，曹植笔下的美女不仅仅有静态之美，更兼有一种摄人心魄的动态美，神采风韵逼人，给人一种呼之欲出的感觉。美女的妖艳正是诗人自我形象的写照。曹植十余岁便显示出过人的才华，铜雀台赋诗又使他锋芒大露。但后来的遭遇使得他的才华得不到施展，故以美女为喻来抒发自己怀才不遇的情怀。美女的美貌，正像诗人的才华一样，世间少有，难能可贵。诗人把自己比作女子，用女子的貌美来比喻自己杰出的才能。

二、抒情写志、体式多样

汉末魏初是汉大赋向魏晋南北朝抒情小赋转变的关键时期，曹植在这个过程中起了重要的作用。他的赋追求"质素如秋蓬，摛藻如春葩"的审美境界，既要求内容质朴如秋蓬的白花，还崇尚文采斐然如春日的红花，是建安时期辞赋最杰出的代表，曹植也因此被称为"赋颂之宗，作者之师"。

曹植的赋，语言精美，对仗工整，音律协和，推动了六朝的骈俪风尚。皇甫谧《三都赋序》云："赋也者，所以因物造端，敷弘体理，欲人之不能加也。引而申之，故文必极美；触类而长之，故辞必极丽。然则美丽之文，赋之作也。"曹植创造出了许多动人的句子，实践了"美丽之文"和"诗赋欲丽"的赋论。《芙蓉赋》中描写其美姿就是很好的例子："其始荣也，皎若夜光寻

扶桑；其扬辉也，晃若九阳出旸谷。"曹植的赋不仅讲究字句的华美，而且对仗工整，音节协调，韵律感强，读之如看蜻蜓点水，花蝶起舞；又如听珠玉落盘，冰雪初融。最典型的代表莫过于作者笔下美丽迷人的洛神："翩若惊鸿，婉若游龙。荣曜秋菊，华茂春松。仿佛兮若轻云之蔽月，飘飘兮若流风之回雪。远而望之，皎若太阳升朝霞；迫而察之，灼若芙蓉出渌波。"四六句交错运用，动态十足，而且音韵谐美，节奏感极强。又如早期的《娱宾赋》："遂衍宾而高会兮，丹帏晔以四张。办中厨之丰膳兮，作齐郑之妍倡。文人骋其妙说兮，飞轻翰而成章。谈在昔之清风兮，总贤圣之纪纲。"抑扬顿挫感尤强，读之仿佛要使人晃起身体来，这种作品中高超的乐律感与他精通音律有很大关系。南朝刘敬叔《异苑》卷五云："陈思王曹植，字子建，尝登鱼山，临东阿，忽闻岩岫里有诵经声，清遒深亮，远谷流响，肃然有灵气，不觉敛襟祗敬，便有终焉之志，即效而则之，今之梵唱，皆植依拟所造。"他把他的音乐知识应用于辞赋创作，使辞赋韵调谐畅，流转自然。如《七启》中的一段："其居也，左激水，右高岑。背洞壑，对芳林。冠皮弁，被文裘。出山岫之潜穴，倚峻崖而嬉游。志飘飘焉，峣峣焉。似若狭六合而隘九州，若将飞而未逝，若举翼而中留。"在这里，曹植将不同的句式与音律配合起来，使文章参差错落，韵调谐美，有一种高低起伏的声律之美。

曹植的赋，内容常常涉及日常生活，揭示了他一生的足迹，扩大了赋的题材领域和表现空间。汉赋兴盛时期，"京殿苑猎，述行序志"，这些"体国经野，义尚光大"的题材类型盛行于世，大赞国家丰饶的物产，昌盛的文化，雄厚的国力，作者多极尽夸张描绘之能事，目的是劝谏讽喻君王关心百姓等等，最终曲终奏

雅，既美且刺。曹植的赋却与之不同，大多是触类而作。曹植在日常生活中有了感触，便用辞赋表达出来，没有严肃的目的，也没有明确的受众，就是为表情达意而作。他为连日阴雨、道路泥泞难行而忧愁，为久雨初晴而欣喜，为大雁离缴、不能复飞而哀伤，为神龟早死、肌肉消尽而痛惜，为妹妹婚姻不如意而哀伤，为弟弟出嗣他人而伤心，为爱子夭折而伤心断肠，为自己的空虚无聊、无所事事愧疚，为自己的追求不遂而感伤，为时光流逝、自己事业无成而怛惕中惊。曹植的赋，全是抒写情志的小赋，赋中充溢着浓郁、真挚的情感，特别是他的咏物赋、感时赋、以女性题材为内容的赋。这些作品，以情感为经纬，贯穿于整个作品之中。建安时期人的觉醒促使人们提高了对人的地位和价值的认识，个体情感逐渐进入赋作的高殿之中。对此刘熙载在《艺概·赋概》中曾这样说道："建安名家之赋，气格遒上，意绪绵邈；骚人情深，此种尚延一线。"

曹植的赋，体制短小而体式多样。言志抒情的小赋自汉初就已产生，如贾谊的《吊屈原赋》《鵩鸟赋》，但直到东汉中期以前，"闳侈钜衍"、"务于使人不能加"的大赋仍占据着辞赋创作的主导地位，代表着当时辞赋创作的主要成就。东汉中期以后，确切说是自张衡以后，以体物言志为主的大赋衰微，玲珑圆融的抒情小赋大兴。建安时期，赋的创作已完全为抒情言志的小赋所占据。曹植是当时创作辞赋最多的作家，从他现存的作品来看，大多是抒情言志的小赋，除《洛神赋》和《七启》较长外，其他都很短小。曹植的辞赋创作不仅数量众多，而且体式多样，传统的七体、九体，随表达需要而灵活创作的体式等；有的有序，有的无序；有的有乱辞，有的没有乱辞，达到了"因物制巧，随变

生趣"的艺术高度。

曹植辞赋在句式方面也有自己的风格，总的来说是整齐中有变化，既有基本的句型模式，又能随表达需要灵活变换句式。其基本的句型模式是前三言后二言中间用虚词衔接。如其《释思赋》："彼翔友之离别，犹求思乎白驹。况同生之义绝，重背亲而为疏。乐鸳鸯之同池，羡比翼之共林。亮根异其何戚，痛别干之伤心。"曹植的辞赋，绝大多数采用这种句型模式。在这种句型模式中，句中用"而、以、之、乎、其、于、兮"等虚词，且变化灵活，这正是骚体句的变体。除这种基本句式以外，还有骚体句式。骚体句式又有两种形式，一种是"兮"字放在上下句之间，如《愁霖赋》："迎朔风而爰迈兮，雨微微而逮行。悼朝阳之隐曜兮，怨北辰之潜精。车结辙以盘桓兮，马踯躅以悲鸣。攀扶桑而仰观兮，假九日于天皇。瞻沈云之泱漭兮，哀吾愿之不将。"一种是"兮"字置于每句的中间，如《愁思赋》："四节更王兮秋气悲，遥思惝恍兮若有遗。原野萧条兮烟无依，云高气静兮露凝玑。"再一种则是以四言为主兼有其他句式的杂言体，如《大暑赋》《七启》等。而著名的《洛神赋》则完全是杂言体，既有骚体句，又有非骚体句；既有三言、四言句式，又有五言、六言甚至九言的句式，作者根据表达的需要，灵活变换句式，显得既活泼灵动，又情韵悠长。由此可知，曹植辞赋的句式多样而灵活，往往是既严谨规整，又活泼多变，形式很好地适应了内容的特点和表达的需要。

曹植的赋还注重骈偶句式的应用。骈偶句式产生很早，在上古文献《易经》《尚书》中已屡见不鲜，但那是我们的先人在客观地反映万物及自己对客观世界的认识时不自觉地创造出来的，

恰好准确地反映了当时人们较高的认识水平和表达水平。正如刘勰在《文心雕龙·丽辞》中所说："造化赋形，支体必双；神理为用，事不孤立。夫心生文辞，运裁百虑。高下相须，自然成对。"自秦汉以来，我国文学受楚辞和汉赋的影响，追求辞采的华艳和表达的侈饰。《文心雕龙·宗经》说："楚艳汉侈，流弊不还。"东汉以后，这种讲究文辞藻丽的表达技巧便成为作家们的一种自觉的追求，特别是在辞赋创作领域。刘勰说："至于诗人偶章，大夫联辞，奇偶适变，不劳经营。自扬、马、张、蔡，崇盛丽辞，如宋画、吴冶，刻形镂法，丽句与深采并流，偶意共逸韵俱发。至魏晋群才，析句弥密，联字合趣，剖毫析釐。然契机者入巧，浮假者无功。"两汉时期，辞赋运用骈辞俪句的风气极大地影响了散文创作，使许多散文作品也广泛使用了骈偶句式。时至建安，由于文学的自觉，文学观念的改变，人们对文学的艺术性有了更为自觉的追求，辞赋中铺饰和骈俪的艺术特点也逐渐影响于诗歌的创作。辞赋是曹植最早从事创作的文体，他对骈俪句式的使用已经相当熟练，且形式多样。第一，上下对，即上下两句自然成对。如《节游赋》："凯风发而时鸟欢，微波动而水虫鸣。感气运之和润，乐时泽之有成。"第二，隔句对，即前两句与后两句相对。如《喜霁赋》："禹身誓于阳旰，卒锡圭而告成。汤感旱于殷时，造桑林而敷诚。"第三，混合对，即混合使用各种体式的对句。如《洛神赋》："翩若惊鸿，婉若游龙。荣曜秋菊，华茂春松。仿佛兮若轻云之蔽月，飘飘兮若流风之回雪。远而望之，皎若太阳升朝霞；迫而察之，灼若芙蓉出渌波。"长短不一，形式不同的骈偶句混合使用，取得了多方面的艺术效果。曹植对辞采的有意识追求，影响了整个魏晋南北朝文学，其承前启后的斡运之

功，是意义重大而深远的。

辞赋是曹植一生创作的重要部分，且大都是咏物抒情之作，抒写和寄寓在现实中所受到的压抑情绪，是他一生经历的生动反映，每一篇赋都可以准确地传达作者之哀、之痛、之种种意绪。曹植的赋上承楚汉、下启魏晋，在汉末魏初抒情小赋的创作上，作出了自己可喜的贡献。

三、千古伤心《洛神赋》

被誉为"才华横溢""骨气奇高"的天才诗人曹植，一生中创作了许多优美感人、凄婉流转的浪漫诗赋，最负盛名的当属《洛神赋》，在我国诗赋的天空划下了一条绚丽烂漫的彩虹。

洛 神 赋

黄初三年，余朝京师，还济洛川。古人有言，斯水之神名曰宓妃。感宋玉对楚王说神女之事，遂作斯赋。其词曰：

余从京域，言归东藩，背伊阙，越轘辕，经通谷，陵景山。日既西倾，车殆马烦。尔乃税驾乎蘅皋，秣驷乎芝田，容与乎阳林，流眄乎洛川。于是精移神骇，忽焉思散。俯则未察，仰以殊观。睹一丽人，于岩之畔。乃援御者而告之曰："尔有觌于彼者乎？彼何人斯，若此之艳也！"御者对曰："臣闻河洛之神，名曰宓妃。然则君王所见也，无乃是乎？其状若何？臣愿闻之。"

余告之曰：其形也，翩若惊鸿，婉若游龙，荣曜秋菊，华茂春松。仿佛兮若轻云之蔽月，飘飖兮若流风之

曹　植

回雪。远而望之，皎若太阳升朝霞。迫而察之，灼若芙蕖出渌波。秾纤得中，修短合度。肩若削成，腰如约素。延颈秀项，皓质呈露，芳泽无加，铅华弗御。云髻峨峨，修眉联娟，丹唇外朗，皓齿内鲜。明眸善睐，靥辅承权，瑰姿艳逸，仪静体闲。柔情绰态，媚于语言。奇服旷世，骨像应图。披罗衣之璀粲兮，珥瑶碧之华琚。戴金翠之首饰，缀明珠以耀躯。践远游之文履，曳雾绡之轻裾。微幽兰之芳蔼兮，步踟蹰于山隅。于是忽焉纵体，以遨以嬉。左倚采旄，右荫桂旗。攘皓腕于神浒兮，采湍濑之玄芝。

　　余情悦其淑美兮，心振荡而不怡。无良媒以接欢兮，托微波而通辞。愿诚素之先达兮，解玉佩以要之。嗟佳人之信修兮，羌习礼而明诗。抗琼珶以和予兮，指潜渊而为期。执眷眷之款实兮，惧斯灵之我欺。感交甫之弃言兮，怅犹豫而狐疑。收和颜而静志兮，申礼防以自持。

　　于是洛灵感焉，徙倚彷徨。神光离合，乍阴乍阳。竦轻躯以鹤立，若将飞而未翔。践椒途之郁烈，步蘅薄而流芳。超长吟以永慕兮，声哀厉而弥长。尔乃众灵杂遝，命俦啸侣。或戏清流，或翔神渚。或采明珠，或拾翠羽。从南湘之二妃，携汉滨之游女。叹匏瓜之无匹兮，咏牵牛之独处。扬轻袿之猗靡兮，翳修袖以延伫。体迅飞凫，飘忽若神。陵波微步，罗袜生尘。动无常则，若危若安。进止难期，若往若还。转眄流精，光润玉颜。含辞未吐，气若幽兰。华容婀娜，令我忘餐。

　　于是屏翳收风，川后静波。冯夷鸣鼓，女娲清歌。

089

腾文鱼以警乘，鸣玉鸾以偕逝。六龙俨其齐首，载云车之容裔。鲸鲵踊而夹毂，水禽翔而为卫。于是越北沚，过南冈，纡素领，回清阳，动朱唇以徐言，陈交接之大纲。恨人神之道殊兮，怨盛年之莫当。抗罗袂以掩涕兮，泪流襟之浪浪。悼良会之永绝兮，哀一逝而异乡。无微情以效爱兮，献江南之明珰。虽潜处于太阴，长寄心于君王。忽不悟其所舍，怅神宵而蔽光。

于是背下陵高，足往神留。遗情想像，顾望怀愁。冀灵体之复形，御轻舟而上泝。浮长川而忘反，思绵绵而增慕。夜耿耿而不寐，沾繁霜而至曙。命仆夫而就驾，吾将归乎东路。揽騑辔以抗策，怅盘桓而不能去。

才高八斗的曹子建，用他细腻的笔触叙写了"我"与洛神相识、相悦、相疑、相知、相别的交往过程，塑造出一个倩丽、幽怨、纯洁、柔情、聪慧的洛神形象，并以催人泪下的故事，令古今文人雅士感叹不已。

据考证，《洛神赋》应作于黄初四年（公元223年），赋前小序作"黄初三年"有误。

黄初四年（公元223年），曹植三十二岁，这一年五月，在文帝曹丕的恩准下，曹植和他的同母兄任城王曹彰，以及异母弟白马王曹彪一道来京师洛阳参加"会节气"的活动。在此期间，曹彰暴薨。弟兄三人一块来的，如今回去的却剩下两人，曹植心里已经非常难过；谁会想到朝廷还派了一名监国使者沿途监视诸王归藩，并规定诸侯王在路上要分开走，限制他们互相接触。兄弟暴薨，伤痛自然不必说，离京时欲与兄弟同路以诉说手足之情而

不能，在此情形下归返封地，曹植心里的哀伤和苦闷是无法想象的。自身饱受迫害的苦楚、对亡兄的悲悼、对兄弟的眷恋、对监国使者的憎恨等情感一起交汇在曹植心中，却又无处诉说，使他几乎难以承受。作为一个文人，他自然有借助文学创作将自己内心的苦闷释放出来从而获得心理解脱和安慰的想法。楚王梦神女的故事和洛神的传说给了他创作的契机和灵感，于是他创作了自己会洛神的故事。作者想借自己与洛神之间真诚永久的精神之爱来排泄自己心中的苦闷，慰抚自己受伤的心灵，希望在这片虚幻的爱的世界里得到丝丝的慰藉和满足。

纵观全赋，最精彩的片段就是对洛神的描写。这是一段无与伦比的描写文字，对洛神之美的描述简直已达化境，将古代美女的描绘手法推向了至高点。先写其仪态美，给人远观的总体印象；接着写其姿容美，突出近景的写实效果；再描其服饰美，写出神仙的着装特色；最后绘其举止美，体现出洛神神清体闲、端庄秀美的体貌。不仅色彩极艳丽，节奏极明快，而且其中蕴含着声音、气息、动态等多种因素，仿佛看到了洛神完美的容颜和娴静的体态，而且闻到了她身上特有的幽香，听到了金银珠玉碰击的响声，在水汽迷濛的洛水之上，这位神仙丽人若隐若现地展示着她令人无法抗拒的女性魅力。

作者想象丰富，刻画传神，比喻、烘托等手法共用，错综变化，巧妙得宜，给人一种浩而不烦、美而不惊之感，如同在欣赏一幅绝妙丹青，个中人物有血有肉，而不会使人产生一种虚无之感。在对洛神的体型、五官、姿态等描写时，给人传递出洛神的沉鱼之貌、落雁之容。同时，又有"清水出芙蓉，天然去雕饰"的清新高洁。在对洛神与之会面时的神态的描写刻画，使人感到

斯人浮现于眼前，风姿绰约。而对于洛神与其分手时的描写同样精彩"屏翳收风，川后静波，冯来鸣鼓，女娲清歌。"一切都是这样的美好，以致离别后，人去心留，情思不断，洛神的倩影和相遇相知时的情景历历在目，浪漫而苦涩，心神为之不宁，徘徊于洛水之间不忍离去。最后的结局让读者有一种绵绵不尽的情思萦绕心头，和曹植同喜同悲，眷恋情深，一波三折，一唱三叹，余味无穷。

第六章　曹植的散文成就

　　散文是曹植文学创作中不可忽视的一部分。这些文章紧紧跟随他的人生轨迹，他的欢欣、悲伤、哀痛、恐惧尽收其中。曹植的散文，词藻繁盛，众体皆工，表现了他驾驭文章的高超技巧，对后世产生了广泛而深远的影响。

一、辞清而志显的章表

　　章表属于公文，是封建社会臣子向君主呈辞的文体。汉末建安时期，政治动荡，国家多事，章表的创作更加繁荣发达。曹植的章表，主要创作于他生活的后期，立意高远、陈情恳切，记录了他一生的追求与失望，洋溢着一生的才华与情感。

　　黄初时期是曹植一生中最痛苦、生活最暗淡的时期。因为曾经的立嗣之争，他受到曹丕的无情打击和迫害，先是两次获罪，差点被杀掉；然后是转封贫瘠之地，饱受生活困窘之苦。更令他痛苦的是，他受到监国谒者和防铺吏的监视，时常受到诬告，动辄得咎，精神上处于战战兢兢、痛苦无告的境地。惊恐之余，他不得不屡呈章表，向皇帝表白诚心，以求自保。而到了曹叡即位的太和时期，魏明帝略施"明贵贱，崇亲亲，礼贤良，顺少长"

的恩惠，曹植的境遇略有改变，再次激起了他关注军国大事的热情，于是他用章表抒怀明志，表达心曲。

痛心疾首的告罪和自责，如蒙受灌均所告"醉酒悖慢，劫胁使者"之罪后写的《责躬表》和《谢初封安乡侯表》，首先表明"追思罪戾"与"悲于不慎"的忏悔之心，其次叙述"忧惶恐怖，刻肌刻骨"的痛伤之情，最后吐露"精魂飞散，忘躯殒命"的感恩之意，凄惋悲切。又如《求出猎表》和《封鄄城王谢表》，或指责自身因防辅吏仓辑等人的告状而遭归邺城旧居去闭门思过是咎由自取，或称颂曹丕封他这个触犯国法的骨肉兄弟为王是日月之恩，笔墨间迁善改过，泣血捶膺。

情感复杂的谢恩，如《谢初封安乡侯表》《封鄄城王谢表》《封二子为公谢恩章》《谢入觐表》《谢鼓吹表》等。曹植天性淳善率真，胸无城府。建安时期，他受到了父母的宠爱和呵护，生活过得无忧无虑，甚至有些得意忘形。父亲去世，特别是兄长曹丕称帝以后，面对来自嫡亲兄长的迫害打击，他感到不知所措，惶惑、忧伤、悲苦、哀怨，却又孤苦无告，所以，对于曹丕故作姿态的宽容和优待，他的心情是相当复杂的，正如他在《谢初封安乡侯表》中所说："奉诏之日，且惧且悲：惧于不修，始违宪法；悲于不慎，速此贬退。上增陛下垂念，下遗太后见忧。臣自知罪深责重，受恩无量，精魂飞散，忘躯殒命。"

诚惶诚恐的表忠，如《上先帝赐铠表》《献文帝马表》《上银鞍表》《上牛表》等。曹植胸怀坦荡，与人不存芥蒂，所以黄初初年的两次获罪，令他惶恐迷懵，不知所措。当他意识到这是兄长在表达他的嫌忌的时候，他一方面将以前父亲曹操赐给自己的铠、马之类容易引起怀疑的东西献上去，以证明自己绝无异心；

另一方面，又献奇珍异物，以表白自己的忠心。

毫无希望的请求自试。曹叡即位后，社会政治形势、生活环境的变化以及自身地位的改变，重新激发起曹植立功扬名的愿望，他不愿做"没世无闻，徒荣其躯而丰其体，生无益于事，死无损于数，虚荷上位而忝重禄，禽息鸟视，终于白首"的"圈牢之养物"，于是，在他的诗文赋中，屡屡明确地表达出要为国所用、甘愿捐躯以赴国难的愿望。他认为，无论从自己作为宗亲国戚还是自己拥有的出众才能，以及国家的实际利益，自己都不应该被弃置不用，为此，他特地几次上表，请求自试。其中，《求自试表》是最重要、最精彩的一篇，一千余字的表文集中反映了曹植"抱利器而无所施"的压抑与痛苦，言辞恺切，意存君国。此外，还有《求通亲亲表》《谏伐辽东表》等。

谨慎婉转的批评，如《谏取诸国士息表》《陈审举表》《转封东阿王谢表》。生活境遇的改善和地位的变化，使曹植产生了参与国家政治的强烈欲望，他议论执政，并对当时朝廷的许多做法提出批评。当然，这些批评都是相当小心的，目的是让皇帝知道，自己的批评是忠于朝廷、忠于皇帝的一种表现。

"诗赋等是用来抒发作者的情志的，而章表是用来'造阙、致禁'的。"属于文学类的诗赋要挥洒自如的状物言志，属于公牍类的章表要诚惶诚恐的谢恩陈情。曹植的表文在"诚惶诚恐的谢恩陈情"过程中形成了自己鲜明的艺术特色。

首先，情感浓郁，气势勃劲。章表属于公文文体，重在陈说事实，不重情感，甚至可以完全没有主观情感，但是到了曹植的手里，它们在内容和形式上都发生了很大的变化，成了曹植表意抒情的手段，雅正的公文变成了情感充沛、气势郁勃的文学作品。

曹植的时代，是文学观念自觉的时代，也是人的主体精神大发扬的时代，他以其卓越的才华，实现了章表在写作风格上的转变。他继承了孔融章表的超拔之气，又融入了自己的沉郁之情，"慷慨以任气，磊落以使才"，写出了"繁约得正，华实相胜"的章表。其《求自试表》《求通亲亲表》等情理兼胜、辞气高张，历来为人们所称道。即使是他谢恩的章表，也无不情辞并茂。

其次，应物制巧，随变生趣。章表作为公文，有其固定的格式，甚至有规定的用语，而曹植的章表则完全成为他灵活地表达自己情感的工具，刘勰对此有精辟的论述："陈思之表，独冠群才。观其体赡而律调，辞清而志显，应物制巧，随变生趣，执辔有余，故能缓急应节矣。"的确，曹植的章表，不仅从一个侧面反映了他一生的生存状况和思想情感，而且能够根据内容表达的需要，不断变换其体制，如黄初年间他备受猜忌，有性命之忧，他此时章表的内容主要是颂德、告罪和谢恩，故而其文章体制多简短紧凑；太和年间他的生活处境有所改善，有了参与国政、建功扬名的希望，他便使用长篇大论，尽情地倾诉自己的心志情感。在情感色彩上，他的章表也随着表达内容的不同而呈现出极不相同的情感色调，如黄初时期的章表，情感惶恐、恳恻、哀伤；太和时期的章表则情感勃郁悲慨。在表达手法上，曹植的章表能够根据内容表达的需要，采用不同的表达技巧，详尽而巧妙地把自己复杂微妙的感情表达出来，如《陈审举表》，或引经据典，或称述史实，或结合现实，或自表衷曲，将自己丰富而深微的心志情感有效地表达出来，使文章显得思绪婉转，摇曳多姿，具有感人至深的艺术力量。

再次，将呆板的公文美文化。曹植在章表创作上的另一个重

要成就是将呆板枯燥的公文美文化。他的章表深受辞赋的影响，常常运用铺陈的手法，使意义表达更加详备，增强了文章气势，强化了感情色彩。如他创作于太和五年的《谢入觐表》，就完全是一篇小赋，充分表达了作者获准朝觐，喜出望外的心情。排句是曹植经常使用的表达手法，如前举《责躬表》"不别荆棘者，庆云之惠也"以下，连用四个句式相同的句子，表达自己对皇帝的感激和期望。再如《求通亲亲表》即多用排句，以增强表达效果，如说："臣闻天称其高者，以无不覆；地称其广者，以无不载；日月称其明者，以无不照；江海称其大者，以无不容。"骈骊句式的运用在曹植的章表中更加普遍，甚至成为一种基本句式和表达手段，如《望恩表》："臣闻寒者不贪尺玉，而思短褐；饥者不愿千金，而美一餐。夫千金尺玉至贵，而不若一餐短褐者，物有所急也。"曹植的章表也大量使用巧妙的比喻以说理、抒情，如《谢入觐表》中说："不世之命，非所致思，有若披浮云而睹白日，出幽谷而登乔木。"《陈审举表》中说："臣闻：'羊质虎皮，见草则悦，见豺则战'，忘其皮之为虎也。今置将不良，有似于此。"这种形象而巧妙的比喻，在曹植的章表中十分常见，不胜枚举。

最后，广征博引，以古讽今。曹植博览群书，他对儒家经典、诸子著作及史籍都非常熟悉，他的章表中，时常引用经典及历史故事来有效地表情达意，如《陈审举表》就广泛征引了《诗经》《尚书》《左传》《论语》《孟子》《法言》《史记》《汉书》《楚辞》等，可谓旁征博引。不过曹植的征引经典故实，不像汉儒那样，用经典之语来代替自己的观点，而是为我所用，将其作为自己更有效地表意抒情的工具。如《求通亲亲表》一开始就引用《论语》《尚书》《诗经》《文子》《孟子》等经典，说明君王无

论从血缘亲情还是政治利害考虑，都应该亲亲睦宗。后面他又用"远慕《鹿鸣》君臣之宴，中咏《棠棣》匪他之诫，下思《伐木》友生之义，终怀《蓼莪》罔极之哀"，表达他的期望、担忧、哀伤之情。曹植也经常引用历史事实和历史故事来表意抒情，使文章表达形象生动而又意蕴深刻。如《谏取诸国士息表》用章子和齐威王的故事来说明君应该信臣，以管仲用计逃离鲁国的故事说明臣也应该信君，表达希望君王信任依赖自己、识拔重用自己的心情。在章表中运用形象生动而寓意深刻的故事来表情达意，是曹植对章表的表现技巧进行改造、将枯燥的公文创作成艺术水平很高的文艺作品的一种重要表现。

二、文约义雅的颂、赞

颂和赞都是歌功颂德的作品，多溢美之辞。刘勰在《文心雕龙·颂赞》中说："颂者，容也，所以美盛德而述形容也……赞者，明也，助也，昔虞舜之祀，乐正重赞，盖唱发之辞也。"

曹植的颂体文，现存可考的有十二篇：《学宫颂》《玄俗颂》《柳颂》《孔庙颂》《郦生颂》《宜男花颂》《社颂》《皇子生颂》《冬至献袜履颂》《列女传颂》《母仪颂》《贤明颂》。

颂的主要作用是赞美，曹植的颂文当然也不例外。如，《学宫颂》高度赞扬孔子以德性仁义教民的功劳，把他抬到与三皇五帝相当的地位；《孔子庙颂》又名《制命宗圣侯孔羡奉家祀碑》，是颂扬曹丕尊儒兴学的功德的；《冬至献袜履颂》，在刘勰《文心雕龙·指瑕》篇中又称为《明帝颂》，作于太和时期。其文曰："玉趾既御，履和蹈贞。行与禄迈，动以祥并。南窥北户，西巡王城。翱翔万域，圣体浮轻。"纯粹是臣下礼节性的祝愿颂美之辞，

并无深意；《列女传颂》《母仪颂》《贤明颂》等，辞采华美、韵调谐畅，颂美列女的高尚品格；《玄俗颂》则颂美列仙，其文说："玄俗妙识，饥饵神颖。在阴倏逝，即阳无景。逍遥北岳，凌霄引领。挥雾昊天，含神自静。"体现了曹植思想中儒道结合的一面。

随着文学的发展，颂的作用不再是单一的赞美，而是在颂美的基础上还可以批评、讽谏时事。《宜男花颂》明颂美而暗讽谏，《三国志》记载："（明帝）后大兴殿舍，百姓劳役，广采众女，充盈后宫。后宫皇子连夭，继嗣未育。"可知《宜男花颂》就是讽谏和祝愿曹叡的。《皇子生颂》也同样有讽谏的意味。据《三国志·魏书·明帝纪》记载，太和五年（公元231年）"皇子殷生，大赦"，可知这在当时是一件大事，群臣、文士有不少人或上表、或献赋以示庆贺，如夏侯玄便著有《皇胤赋》。颂中"天地降祥，储君应祉。庆由一人，万国作喜。喁喁万国，岌岌群生。禀命我后，绥之则荣"之语，是在借颂皇子诞生之机讽谏曹叡。

曹植的颂文中还有述怀序志的，如《社颂》《郿生颂》等。《社颂》创作于曹植徙封东阿后，颂前有序，序中述说自己此前所历各封国皆荒凉贫瘠，以致"块然守空，饥寒备尝"，而东阿则"田则一州之膏腴，桑则天下之甲第"，可知此颂表达了曹植既哀怨又欣喜的情绪。其文说："于惟太社，官名后土。是曰勾龙，功著上古。德配帝王，实为灵主。克明播植，农正曰柱。尊以作稷，丰年是与。义与社同，方神北宇。建国承家，莫不修叙。"希望神灵能保佑自己的封国，农桑繁兴，衣食有余。

赞体文最初形成于汉代，其典型形式是画赞和像赞，义兼美恶、简约昭明。汉末建安时期，赞体文的创作已经相当成熟和兴

盛，赞已经作为一种文学体式进入文人的创作视野，许多文人都有赞体文的创作。

曹植的赞保存至今的仅有三十余篇，大多为画赞。曹植的赞主要用来颂扬帝德与先贤，这里有远古教民生产的伏羲，补天造人的女娲，承制衣裳的黄帝，教民稼穑的神农，助民稼穑的少昊；有古代五帝：颛顼、帝喾、帝尧、帝舜、禹；有商汤，有周朝的三王和周公；有汉代的四位皇帝：高帝、文帝、景帝、武帝；有四位贤淑的女性：姜嫄、简狄、禹妻和班婕妤；贤臣有商山四皓、古冶子、王陵、王霸、孔鲋等，共三十七位明君贤臣。

曹植的赞有一个固定的体式，即都是四字八句，语言雅整明净，表意简约概括，符合刘勰"必结言于四字之句，盘桓乎数韵之辞；约举以尽情，昭灼以送文"的论述。如其《庖羲赞》："木德风姓，八卦创焉。龙瑞名官，法地象天。庖厨祭祀，网罟渔畋。瑟以象时，神德通玄。"用极简洁的语言，将自古以来各种典籍所记载的伏羲的特殊品质和主要功绩作了介绍和说明。

曹植的赞，视角多样且内在统一。曹植的赞，对不同的对象采取不同的视角，但这些视角又有内在的统一性，即关注这些对象的世系、异禀、品德、政治功业和文化贡献。如《黄帝赞》："少典之孙，神明圣哲。土德承火，赤帝是灭。服牛乘马，衣裳是制。云氏名官，功冠五帝。"这篇赞文说明了黄帝的世系、异禀、武功和文化贡献，而特别颂美了黄帝在人类文明进步方面所作出的巨大贡献。曹植对古帝圣王的赞美，重点在他们的政治功绩和文化贡献，这一方面表明了曹植的立功志愿和英雄意识，同时也表达了他对圣帝明王的期盼和对和平盛世的向往，如《汉文帝赞》《汉武帝赞》。汉代文、武二帝的文治武功，几乎达到了文人们所

理想的境地，受到后世文人的广泛追捧和颂扬，曹植也同样不遗全力地褒美。

曹植的画赞，是就前人的图画而作，有画才有赞，赞与画不同时置于同一空间，因而，在后来的传播中，也并不图赞一体地流传。因此曹植的赞体文便成为可以脱离图画、意义相对自足的文学形式。

三、内容深刻、形式多彩的序

序文属于说明文的一种，一般写在正文之前，交代文章的创作缘起或作者的主要观点，因事因物而感。曹植的序现存三十二篇，这些序文是曹植散文的重要组成部分，在内容和形式上都具有自己的鲜明特点。

序文的创作，可以记录历史事实，弥补正史的缺憾。曹植是中国文学史上第一流的大作家，在文学从两汉向魏晋南北朝转变的过程中起了重要的作用，但曹植的生平资料保存下来的却非常少，以至于曹植生平经历中的许多环节不明朗，极大地影响了人们对于作品的解读和接受，曹植的有些序文记录了自己的生平经历和作品创作的时间、地点及有关史实，为人们了解他的生平和作品创作情况提供了很大的方便，在一定程度上弥补了史料的不足。如《迁都赋序》："余初封平原，转出临淄，中命鄄城，遂徙雍丘，改邑浚仪，而末将适于东阿。号则六易，居实三迁。连遇瘠土，衣食不继。"此序虽有残缺，但人们由此可以知道，曹植生平爵号屡易，共有八个封号：平原侯、临淄侯、安乡侯、鄄城侯（王）、雍丘王、浚仪王、东阿王、陈王，但真正就国居住过的只有三个地方，即鄄城、雍丘、东阿。

曹植通过序文的创作，表达自己对文学的思考和认识以及自己的文学观点和审美情趣，真正体现了汉末建安时期文学的自觉。如《七启序》："昔枚乘作《七发》，傅毅作《七激》，张衡作《七辩》，崔骃作《七依》，辞各美丽，余有慕之焉！遂作《七启》，并命王粲作焉。"可知曹植曾经对古代作家、作品作过分类的比较、鉴别工作，并对他们各自的特点有自己的认识和评价。

曹植的序文，往往根据内容的特点，选择恰当的表现形式，使内容与形式的配合恰到好处。徐师曾在《文体明辨序说》中说："《尔雅》云：'序，绪也。'字亦作'叙'，言其善叙事理，次第有序，若丝之绪也。……其为体有二：一曰议论，二曰叙事。"这是就序体文的一般情况而说的，在实际的创作中，情况往往非常复杂，优秀的作家，大都不拘成规，往往根据表达的需要，灵活选择最佳的表达方式。曹植的序文就是如此，他根据内容特点和表达需要，做到因物赋形，随变生趣。他的序，既有长达数百字的长文，又有短至数句的小品；既有信笔的挥洒，又有精心的构结。虽大多是抒写自由的散体，但也时常用形式整齐的韵文，叙事、抒情、议论兼有，又时常将三者有机地融为一体，使他的序文既有很高的认识价值，又有高度的审美价值，同时又具有感人至深的情感力量。

曹植的序文创作和他的诗赋一样，十分注重情感的表达，"以情纬文"。序的功能是说明作品的创作缘起和主体内容，表达方式主要是叙述和议论，但曹植的序却大都写成了抒情小品，特别是那些叙写亲情的文字，情感真挚感人。如《释思赋序》："家弟出养族父郎中，伊予以兄弟之爱，心有恋然，作此赋以赠之。"曹植的弟弟曹整，出嗣从叔父曹绍，曹植对兄弟"同生之义绝"、

"背亲而为疏"十分伤感。文字虽短，而情深意长。又如《行女哀辞序》："行女生于季秋，而终于首夏。三年之中，二子频丧。"这短短的几句话，包含了多少话言和哀伤，此时的曹植是一个哽噎无语的父亲，千言万语也说不尽自己的哀伤与痛楚，他把这无尽的感伤浓缩在这短短的四句话中。

  曹植的序文在艺术上的另一特点是辞采富赡。他的序文，在多数情况下，是根据表达内容的需要，信笔写来，畅达自然，追求的是语言技巧与内容的和谐统一，但有的时候，他也有意识的追求辞采。如《仲雍哀辞》："曹喈字仲雍，魏太子之仲子也。三月而生，五月而亡。昔后稷之在寒冰，斗谷之在楚泽，咸依鸟凭虎，而无风尘之灾。今之玄第文茵，无寒冰之惨；罗帏绮帐，暖于翔鸟之翼；幽房闲宇，密于云梦之野；慈母良保，仁乎鸟虎之情。卒不能延期于期载，离六旬而夭殃。"将此序与《行女哀辞序》做一比较，可以看出曹植作序的原则正是追求文义相扶，恰到好处。《行女哀辞序》只有短短的四句，是一个慈父在爱女夭折时的哽咽无语，而曹喈是曹植的侄子，虽不无亲情，但毕竟已经疏远很多，所以《仲雍哀辞》的创作，礼节性的成分比较多。他引用典故，运用排句，表达夭亡的遗憾。这样一来，文中的情感也已经淡得多了。这些序感情沉痛，辞采华美，韵调谐畅，真正达到了声情并茂的境界。

  曹植内容丰富、体式多样的序文创作，特别是序文中强烈的抒情性特征，实际上确立了一种创作风气，使魏晋南北朝时期的文学创作，文前有序成为经常的形式，而且体式更多样，内容更丰富。

四、意气俊爽的书信、通达圆融的论说

建安时期，文人之间交往频繁，往来唱和增多，书信成为沟通情感的重要媒介。曹植在与邺下文人的交往中亦有书信往来，流传至今的有六篇，其中最著名的是《与杨德祖书》。

《与杨德祖书》是曹植写给好友杨修（字德祖）的信，作于建安二十二年（公元217年），是曹植最重要的书信，也是他的散文名篇。他在信中直抒怀抱，倾吐衷肠，情感深厚，将自己一生的追求和向往都表达出来，文笔流畅简洁、一气呵成。

首先，曹植简要评价了建安文人的文学创作，说明王粲等人归魏之前虽已名闻天下，然而他们的创作却尚未达到最高境界，对他们自视甚高的态度提出了委婉的批评。

> 昔仲宣独步于汉南，孔璋鹰扬于河朔，伟长擅名于青土，公干振藻于海隅，德琏发迹于大魏，足下高视于上京。当此之时，人人自谓握灵蛇之珠，家家自谓抱荆山之玉。吾王于是设天网以该之，顿八纮以掩之，今尽集兹国矣！然此数子犹复不能飞轩绝迹，一举千里。

文士一味矜才自负，不互相切磋，开展批评，不利于推动文学的发展和繁荣。然后曹植进一步举陈琳为例，评价并说明这些人的文章并没有达到很好的境界：

> 以孔璋之才，不闲于辞赋，而多自谓能与司马长卿同风；譬画虎不成，反为狗也，前有书嘲之，反作论盛

道仆赞其文。夫钟期不失听，于今称之，吾亦不能妄叹者，畏后世之嗤余也！

以陈琳的才能，不擅长辞赋，却经常自称是和司马相如（字长卿）一样的风格，就像画虎不成，反像狗了。我从前写文章嘲讽他，他反而大肆宣扬说我那是称赞他的文章。看来他不是我的知音，我也不好多说了，唯恐后人嘲笑我。曹植的看法和曹丕在《典论·论文》中提出的"文非一体，鲜能备善"和"文人相轻"的观点有相通之处。

接着，曹植指出，为文应该多与人商讨，多听取别人的意见，多请人修改润饰，并进而认为人们的爱好是各不相同的，不能凭自己的好恶妄论别人的文章。

世人之著述不能无病，仆常好人讥弹其文，有不善者，应时改定。

曹植认识到每个人的文章不可能完美无缺，何况"文章之难，非独今也，古之君子犹亦病诸"（《与吴季重书》），所以曹植常请他人指摘自己文章的不足，有不合适的地方，立即修改，这种虚心听取他人意见，"应时改定"的习惯值得后人学习。

在这篇书信中，曹植还表达了自己的文学观念和文学态度，表明自己相比之下更希望济世安民，立功国家。

今往仆少小所著辞赋一通相与。夫街谈巷说，必有可采；击辕之歌，有应风雅，匹夫之思未易轻弃也。辞

赋小道，固未足以揄扬大义，彰示来世也。昔扬子云先朝执戟之臣耳，犹称壮夫不为也。吾虽薄德，位为藩侯，犹庶几戮力上国，流惠下民，建永世之业，流金石之功，岂徒以翰墨为勋绩，辞赋为君子哉！若吾志未果，吾道不行，则将采庶官之实录，辩时俗之得失，定仁义之衷，成一家之言。

这段话，是曹植的自我告白，昭示了曹植的文艺观点和平生志向。然而，这段话的真正含义引起了人们的很多争议。有人认为曹植轻视甚至否认文艺的价值，有人认为曹植不愿做一个"翰墨君子"，其实曹植从没有掩饰过对于文艺的热爱，也从没有否认或轻视过文艺的价值，他只是不想仅仅做一个"辞赋君子"而已。他篇籍不离手，终生没有停止过诗赋的创作，在曹植看来，济世立功，造福黎民，比吟诗作赋更有价值，对他更有吸引力，因而他将建功立业放在人生追求的首位。而且，著述子书，阐明大道，辨明是非，也有助于安邦理民。若仅仅把诗赋创作当作一生的追求，则非曹植所甘心。曹植的这种思想观念和价值判断标准，既有时代的特色，又来源于源远流长的传统文化。

此外，曹植的书信还有《与吴季重书》《与陈孔璋书》《报陈孔璋书》《与丁敬礼书》《与司马仲达书》《答崔文始书》等，真实地表达了他的思想观念和心态志趣，观点明确，是非判然，在行文上富有情感和气势。

论与说是古代两种相似的文体，《文心雕龙》有《论说》专篇介绍论与说的文体特点，二者都是以阐明事理主张为目的，但

也有不同之处:"论"重在判断是非,大多论述抽象的道理;"说"多是针对紧迫的现实问题进行形象的陈说,说道理使人悦服。后世的论说文是这两种文体的合流。

魏晋时期,人物品评之风大盛,许多文人的作品中都有所涉及,曹植亦不例外。《汉二祖优劣论》首先提出问题:"夫汉二帝,高祖、光武,俱为受命拨乱之君,比时事之难易,论其人之优劣,孰者为先?"然后通过对比二人的道德品行、文治武功来分析问题:汉高祖刘邦建立了大汉帝业,且善于任用人才,雄才大略,"信当世至豪健壮杰士也",但是"名不继德,行不纯道",又"寡计浅虑",身后吕后专权,祸殃骨肉,如若无人才辅助,则一匹夫而已;汉光武帝刘秀则是秀外慧中,品行兼优,在扫灭残敌、剪除异己方面雷厉风行,又宣仁义以聚众,几乎是完美无缺:"敦睦九族,有唐虞之称;高尚纯朴,有羲皇之素;谦虚纳下,有吐握之劳;留心庶事,有日昃之勤。"所以说:"光武其近优也。"从中不难看出曹植对光武帝功业的仰慕和赞叹。

《成王汉昭论》仅存一段,主要内容是比较周成王和汉昭帝的优劣。文中假设特别多,令人眼花缭乱,周武王令周公辅佐成王,汉武帝遗诏霍光辅佐昭帝,成王疑周公而昭帝未疑霍光,在用人不疑这一点上,汉昭帝优于周成王,曹丕、丁仪也写过类似的题目,观点一致,大意都是怪周成王偏信二叔(管叔和蔡叔)的诽谤而疏远周公,可见这是建安时的普遍观点。

《魏德论》作于延康元年(公元220年),曹植写此篇的目的非常明确,即颂扬父亲曹操的创业之功,赞美曹丕的继承之德,因此多是阿谀奉承之辞,华而不实。但从文学层面上讲,文章用词贴切,气韵横生,节奏明快。刘勰在《文心雕龙·封禅》中的评

价是:"陈思《魏德》,假论客主,问答迂缓,且已千言;劳深绩寡,飙焰缺焉。"

《魏德论讴附》(六首)是继《魏德论》后曹植写作的讴歌曹丕继位的。六首封禅歌在当时大约是可以谱曲歌唱的,每首讴歌有八句,以某种吉祥物为主题,有谷、禾、鹊、鸠、甘露、连理木等,表明某种嘉祥之意。

《辨道论》体制冗长,大意是迎合曹操召集方士禁止邪说的做法,认为道家虚妄之辞不可信。其中罗列众多道家方士之术,辞义烦冗,不似析明事理的论文,刘勰也讥诮说:"曹植《辨道》,体同书抄。"(《文心雕龙·论说》)

《相论》着力论述人的相貌与内心并不一定相符,提出"使形殊于外,道合其中,名震天下,不亦宜乎"的观点,并指出天道可知而疑,不可信而为实。文中列出许多圣人相貌不佳的例子,提出不可以貌取人,有积极的意义。

《令禽恶鸟论》说伯劳鸟因民间传说而身报恶名,但作者的观点是,鸟和人一样,恶名都是自招的,本文论据多以传说故事勾缀,最后一句点明主旨:"鸟兽昆虫犹以名声见异,况夫吉士之与凶人乎!"暗喻人在社会上立善名的重要性,表明了作者对名节的高度重视。

《辅臣论》(七首)作于明帝时期,七位辅政大臣一任命,各司其职,曹植便对其一一品评,包括德行学识及能力特长等,语含赞颂,文字简洁,概括全面。

此外,曹植还作有《释疑论》《征蜀论》《仁孝论》《荧火论》等,可惜大多散佚,残缺不全,无法窥其原貌。

五、文润义雅的铭、辞清情哀的诔

铭文是赞的一种，古来将赞颂的文字刻在金属器具上来称赞君臣的美德和功绩，陆机《文赋》云："铭博约而温润。"刘勰《文心雕龙·铭箴》中说："铭者，名也，观器必也正名，审用贵乎盛德。"

曹植的铭，今存两篇，即《宝刀铭》和《承露盘铭》。

《宝刀铭》当作于建安年间，与他的《宝刀赋》同时。《宝刀赋序》说："建安中，家父魏王，乃命有司造宝刀五枚，三年乃就，以龙、虎、熊、马、雀为识。太子得一，余及余弟饶阳侯各得一焉。其余二枚，家王自杖之。"曹植曾经得到父亲所赐的宝刀，并为此作铭文。可惜现在仅存六句，无法观览全文。

《承露盘铭》作于太和年间，魏明帝曹叡效仿汉武帝，在芳林园中建承露盘以接甘露，认为饮之可以延年益寿，于是子建受命作铭文。铭前小序曰："夫行能见者莫如高，物不朽者莫如金，气之清者莫如露，盛之安者莫如盘。"将"承露盘"这个物象的位置、质地、功用等拔高至极，凸显其高贵，然后将其形状、大小、样貌一一作了交待。当时天下分裂，战乱频仍，民生凋弊，建造这样一个工程劳民伤财，耗费巨大，曹叡这种肆意奢侈的行为给国家、百姓造成的灾难就更加严重，所以时时忧心国事的曹植这篇铭文自然含有规讽之意。其文曰：

岩岩承露，峻极太清。神君磊魂，洪基岳停。下潜醴泉，上受云英。和气四充，翔凤所经。匪我明君，孰能经营。近历蠦度，三光朗明。殊俗归义，祥瑞混并。

鸾凤晨栖，甘露宵零。神物攸协，高而不倾。奉天戴巍，恭统神器。固若露盘，长存永贵。贤圣继迹，奕世明德。不悉先功，保兹皇极。垂祚亿兆，永荷天秩。

曹植虽然对国家形势忧心忡忡，但他面对独断专行并且喜欢文过饰非的曹叡，实在无可奈何，他只能将自己的深深忧虑和恳切期望隐藏在文字背后。

诔是列叙死者生平事迹，并且赞美其德行的文辞。在古典文学中，诔是一种传统的、源远流长的文体，刘勰《文心雕龙·诔碑》篇说："诔者，累也，累其德行，旌之不朽也。"

曹植的诔文现存八篇，形式精致，感情充沛。

曹植的《武王诔》作于曹操下葬后不久，作为儿子兼臣子，曹植是以仰视的视角来作这篇诔文的，文中一片褒扬赞颂之声，主要列举了父王曹操一生的重大事件，从应嘉运而生，到伐董卓、战袁绍而统一北方，封丞相而创立大魏基业，又从品性、理政、日常生活、文学修养等诸多方面加以颂扬，饱含尊敬之情，叙说其死后丧事从简，描写万民哀痛的场面细致入微，概括较为全面。

《卞太后诔》是曹植哀悼母亲卞太后的诔文。卞太后仁爱孝慈，有母仪之风，受人爱戴，建安二十四年（公元219年）被册封为王后，曹丕称帝后尊为皇太后，明帝即位后尊为太皇太后，于太和四年（公元230年）六月亡故。一生历三王而不失令德，特别是对曹植恩重如山。曹丕称帝后对曹植多有压制，多亏卞太后从中调护，方使曹植免于性命之虞，还于临死前为这个多灾多难的儿子争取到东阿这样较好的归宿，曹植对母亲的敬爱自不必

多言，所以这篇诔文较《武王诔》又别有一番深意在其中。

诔文深情地回忆了卞太后的品德之美：资质聪慧，才艺双全，心胸宽广，敬奉父母，谦卑处事，安于本分。及登皇太后之位，抚爱天下万国，温和仁慈，恭谨持重，亲事农桑，生活节俭，敬畏神明。而如此诚心明德之人却要遭受灾难，"空宫寥廓，栋宇无烟，巡省阶涂，仿佛梲轩。仰瞻帷幄，俯察几筵。物不毁故，而人不存"。墓道已然打开，神灵将要入殓，人们的叹息之气如雾升起，挥泪如雨水聚集，徘徊在灵车周围，痛哭失声，神光渐散，而哀悼者还久立墓前泪水流不断。子建的悲痛之情犹见！

《文帝诔》是曹植的诔文中最长的一篇。曹植尽弃前嫌，以一颗悲悯的心，深挚地祭奠哥哥在天之灵。序文写皇帝驾崩后地动山摇，万国同悲，自己也悲痛难言，甚至想到自己随之而去，但兄长的德行还未昭示世人，于是作诔文来歌咏。诔文自天地生、万物育、人伦始写起，先突出称赞曹丕纯厚的美德是得天独厚的。后一大段抒发了伤悼之情。全文感情真挚，句式音调多转，开始四言铿锵，述其功德；后来六七成句，叙已哀思，婉转哀伤。几次换韵，修辞手法也多种多样，比喻："其刚如金，其贞如琼。如冰之洁，如砥之平。"对仗："金根黄屋，翠葆龙鳞。"排比："天地震荡，大行（指曹丕）康之。三辰暗昧，大行光之。皇纮惟绝，大行纲之。神器莫统，大行当之，礼乐废弛，大行张之。仁义陆沉，大行扬之。潜龙隐凤，大行翔之。疏狄遐康，大行匡之。"描绘景物也生动鲜明，色彩艳丽："云英甘露，瀸涂被宇。灵芝冒池；朱华荫渚。"有些叠音词，颇有《诗经》遗风："回回凯风，祁祁甘雨。稼穑丰登，我稷我黍。"总之，这篇诔文以散体叙事，以赋体抒情，文辞考究，情感深厚，是诔文中的佳篇。

六、辞华情至的哀辞及其他

曹植的哀辞,数量不多,但对于他的文学创作,甚至对于当时整个的文学发展,都有一定的意义。

刘勰《文心雕龙·哀吊》篇说:"哀者,依也。悲实依心,故曰哀也。以辞遣哀,盖不泪之悼,故不在黄发,必施夭昏。"哀辞是适用于夭亡者的一种哀悼性文体。哀辞体文章虽然源头颇远,但其真正产生是在东汉,而体式规范的哀辞则产生于建安时期。刘勰在《文心雕龙·哀吊》篇中总结哀辞的体制特点说:"原夫哀辞大体,情主于痛伤,而辞穷乎爱惜。幼未成德,故誉止于察惠;弱不胜务,故悼加乎肤色。隐心而结文则事惬,观文而属心则体奢。奢体为辞,则虽丽而不哀。必使情往会悲,文来引泣,乃其贵耳。"

从曹植现存的三篇哀辞来看,已经达到了情辞并茂的境界,如他的《金瓠哀辞》:

在襁褓而抚育,向孩笑而未言。不终年而夭绝,何见罚于皇天。信吾罪之所招,悲弱之子无愆。去父母之怀抱,灭微骸于粪土。天长地久,人生几时?先后无觉,从尔有期。

曹植的长女金瓠,未满周岁而亡,曹植悲不自胜,作此文以哀悼。

《行女哀辞》是曹植为哀悼另一个夭折的女儿而作。《哀辞》曰:

曹　植

　　伊上帝之降命，何短修之难哉：或华发以终年，或怀妊而逢灾。感前哀之未阕，复新殃之重来！方朝华而晚敷，比晨露而先晞。感逝者之不追，怅情忽而失度。天盖高而无阶，怀此恨其谁诉！

　　文前小序说："行女生于季秋，而终于首夏。三年之中。二子频丧。"长女金瓠夭亡时，曹植将灾难归罪于自己，这一次他开始怀疑天命，而天命是那样的难以琢磨，对接踵而至的不幸，曹植有些惶惑失措，可奈悠悠苍天，不能体谅这难言之悲恨。文章写得文短意足，情感浓郁，催人泪下。

　　相比之下，《仲雍哀辞》的情感就淡得多，毕竟只是侄儿，情感的强烈程度自然就差得多，这使他能比较从容地运用比兴象征的手法，来抒写婴儿夭亡的不幸，显示出更多的礼仪性质。

　　曹植是天生的文学家，在他的笔下，即使是那些应用性很强、一向被认为呆板枯燥的应用文也情感浓郁，文彩飞扬，这个特点在他的颂、赞、铭、诔等文章中已得到较充分的展示，此外像他的令，也同样表现了他的性格情志，并颇具文彩。如他的《写灌均上事令》，表现了他两次获罪事过后心有余悸的精神状态。《毁鄄城故殿令》记述他抵制众人的魂神之说，坚决拆除汉武帝旧殿之事，表现了他在灵魂、鬼神问题上的卓越识见。文章颇事铺陈，文学性较强，如："昔汤之隆也，则夏馆无余迹；武之兴也，则殷台无遗基。周之亡也，则伊洛无只椽；秦之灭也，则阿房无尺桓。汉道衰则建章撤，灵帝崩则两宫燔。高祖之魂不能全未央，

孝明之神不能救德阳。"不仅句式整齐中有变化，而且韵调和谐。《黄初五年令》则大量引用经传语言和民间谚语以及巧妙的比喻，表达对于谗间小人的深恶痛绝之情，如说："夫嚼者咋断其舌，右手执斧，左手执钺，伤夷一身之中，尚有不可信，况于人乎？"《黄初六年令》则既有对往事的追叙，又有对当前情景的描述，也有对自己心事的表白，充分表达了对兄弟和好的喜悦之情，表现了曹植对亲情的重视和为人坦率诚恳的性格。

总而言之，曹植的散文气韵流畅，词藻繁盛，各体皆工，多长篇大作，使其才情得以充分发挥，更重要的是他能承中有变，根据表达思想与情感的需要，运用最优的文体形式和表现技巧，使自己的作品达到情辞并茂的艺术境界。他的文，符合规范，骈散结合，词采华茂，议论、抒情相融，章表、书信、论文等达到了情、景、事、理的高度统一，堪称散文大家。

第七章　曹植的家世

　　曹植的曾祖曹腾，字季兴，沛国谯（今安徽亳州）人，东汉宦官。汉顺帝即位后，被升为中常侍。后因策划迎立东汉桓帝有功，被封为费亭侯，升为大长秋，加位特进。曹腾为人忠厚老实，工作尽职尽责，他"用事省闼三十余年，奉事四帝，未尝有过"。曹腾待人宽厚，喜欢举荐贤才，他推荐的虞放、边韶、延固等人，"皆致位公卿，而不伐其善"。汉桓帝时，宦官势力盛极一时，大多数宦官生活奢华、横征暴敛、作恶多端，激起士大夫的不满和愤怒。曹腾虽然能廉洁自持，但在当时的社会中，宦官的出身仍被士大夫所蔑视。

　　曹植的祖父曹嵩，字巨高，是曹腾的养子，"质性敦慎，所在忠孝"。汉灵帝时为大司农、大鸿胪，一度官至太尉。董卓之乱时曹嵩避难于山东琅琊，后来被徐州刺史陶谦杀害。

　　曹植的父亲曹操，字孟德，小字阿瞒。曹操出身于宦官养子家庭。在封建社会中，宦官是一个特殊的群体，是宫廷中侍奉皇帝及其妃嫔的家仆，出身贫穷，没有受过正式教育，社会地位低下。东汉末年宦官擅权，势力盛极一时，馋陷佞邪，毫无顾忌，更为士大夫所鄙。因此，在注重出身、讲究门第的东汉，曹操的

社会地位较低。陈琳在《为袁绍檄豫州》中,称曹操为"赘阉遗丑",除了有政治层面的抨击,也包含了豪强大族对曹氏低微出身的蔑视。年轻时期的曹操,机智、警敏,有随机应变的能力,而且任性好侠、放荡不羁,不修品行,不研究学业,所以当时的人不认为他有什么特别的才能,只有梁国的桥玄等人认为他不平凡,桥玄对曹操说:"天下将乱,非命世之才不能济也,能安之者,其在君乎?"南阳何颙说:"汉室将亡,安天下者,必此人也!"南阳的许劭以知人著称,他也曾对曹操说过:"君清平之奸贼,乱世之奸雄也。"

曹操是东汉末年杰出的政治家、军事家,三国中曹魏政权的缔造者。曹操二十岁以后开始走上仕途,"年二十,举孝廉为郎,除洛阳北部尉,迁顿丘令,征拜议郎"。光和末年,黄巾农民起义爆发,曹操官拜骑都尉,镇压起义。初平三年(公元192年),曹操领兵镇压青州黄巾军,并从中挑出精锐,改编成一支三十余万人的队伍,号称青州兵,从此拥有了自己的军事力量,并且不断壮大。曹操将汉献帝迎到许都,以汉天子的名义征讨四方,对内消灭二袁、吕布、刘表、韩遂等割据势力,对外降服南匈奴、乌桓、鲜卑等,统一了中国北方,并实行一系列政策恢复经济生产和社会秩序,奠定了曹魏立国的基础。曹操在世时,担任东汉丞相,后为魏王,去世后谥号为武王。曹丕称帝后,追尊为武皇帝,庙号太祖。陈寿称誉曹操为"非常之人,超世之杰"。

曹操不但是杰出的军事家、政治家,亦是著名的文学家。曹操"内定武功,外修文学""以相王之尊,雅爱诗章",是建安文学的开拓者。他精通兵法,善写诗歌。他的诗既抒发自己的政治抱负,同时也反映汉末人民的苦难生活,气魄雄伟,慷慨悲凉;

他的散文清峻整洁，开启并繁荣了建安文学，给后人留下了宝贵的精神财富，鲁迅评价他为"改造文章的祖师"。同时，曹操也擅长书法，尤工章草，唐朝张怀瑾在《书断》中评其为"妙品"，但传世墨迹很少。

曹植的母亲卞氏，出身寒微，本为倡家。卞氏姿色超群，能歌善舞。她二十岁时在谯县被曹操收纳为妾。卞氏聪明、睿智，在重大事件来临时表现得机智、勇敢，镇定自若。曹操在洛阳时，恰逢董卓作乱，曹操为拒绝董卓的任用，更换便衣只带几个亲随出去避难。曹操出逃不久，袁术就误传消息说曹操已经遇难而死。这一消息一时间弄得曹府上下一片混乱，尤其是早先投靠他的部下更是觉得没了奔头，都想离开洛阳回老家去。在全家上下惶恐不安之时，30岁的卞氏挺身而出，料理内外事务。当她听说丈夫的部属因为流言而要离去，她非常着急，不顾内外之别，亲自走出来对将要散去的部从进行劝说："曹君的生死不能光凭几句传言来确定。假如流言是别人编造出来的假话，你们今天因此辞归乡里，明天曹君平安返回，诸位还有什么面目见主人？为避未知之祸便轻率放弃一生名节声誉，值得吗？"众人佩服她，都愿意听从她的安排。曹操后来听说了这件事，也非常赞赏卞氏。卞氏温婉贤淑，待人和善，曹操的原配丁夫人被废，卞氏继为正室，但她对丁氏仍以礼相待。对曹操的其他儿子，卞氏也能视如己出，尽心尽力地抚养教育。卞氏在生活中推崇节俭，她的服装无文绣，饰物无珠玉，居室内的家具都不用彩漆绘画，一色素黑而已。曹操认为卞氏"怒不变容，喜不失节，故是最为难"。建安二十四年（公元219年），曹操封卞氏为王后，并发布文书说："夫人卞氏，数年来辛勤抚养各位王子，大有慈母之风范。今特晋位为王后，

命太子和各位诸侯王陪位，百官为之上寿。国内犯人死罪各减一等，以示庆贺。"卞氏和曹操生有四个儿子：曹丕、曹彰、曹植、曹熊。她是一位慈爱的母亲。黄初年间，曹植受曹丕的迫害，在母亲卞太后的保护下，才得以保全性命。曹植对母亲感情很深，卞太后去世后，曹植作《卞太后诔》，情真意切，感人至深。

曹植的长兄曹丕，字子桓，中平四年（公元187年）出生。建安二十二年（公元217年），曹丕被立为太子。建安二十五年（公元220年），曹丕嗣位为魏王，随后代汉自立，为魏文帝。他在位期间，平定边患，击退鲜卑，和匈奴、氐、羌等外夷修好，恢复汉朝在西域的设置。曹丕在文学以及文学思想方面也颇有建树。他的《典论·论文》是中国文学史上第一部有系统的文学批评专论作品。黄初七年（公元227年）五月，曹丕病重去世，谥为文皇帝，葬于首阳陵。

曹植的次兄曹彰，从小喜欢射箭，跟随父亲多次征伐，勇猛善战。曾受命北伐，所向披靡，大败乌丸。他的志向是成为一名大将军，驰骋于疆场之上。曹丕即位后，于黄初三年（公元222年），封曹彰为任城王。第二年（公元223年），任城王与曹植、白马王朝京师，参加迎节气的典礼。然而，在洛阳，任城王暴薨。关于任城王的死因，《三国志》注引《魏氏春秋》载："初，彰问玺绶，将有异志，故来朝不即得见。彰愤怒暴薨。"而据《世说新语》记载，魏文帝曹丕妒忌任城王的骁勇，用毒枣将其害死。

曹植的第三位兄长曹熊，早薨。黄初二年（公元221年）追封谥为萧怀公。太和三年（公元229年），追封为王。

曹植一生先后娶了两位妻子。第一任妻子崔氏，是名门之后，她的叔父崔琰曾任曹魏尚书，一度得到曹操的信任，后来因"辞

色不逊",被曹操处死。崔氏后来因"衣绣违制",被曹操勒令回家并赐死。第二任妻子谢氏,是曹植后期生活的伴侣,太和年间被封为王妃,即史书中所称的"陈妃"。她一直活到晋代,享年八十多岁。

历史记载曹植有两个女儿、两个儿子。两个女儿金瓠、行女早亡,曹植曾作《行女哀辞》,云:"三年之中,二子频丧。"两个儿子为曹苗、曹志。长子曹苗,曾被封为高阳乡公,早夭。次子曹志,字允恭,被封为穆乡公。曹苗少而好学,才行出众,曹植称赞他是曹家的"保家主也"。曹植死后,曹志继位,徙封为济北王。司马氏篡位后,曹志降为鄄城县公,后任乐平太守,迁散骑常侍兼国子博士,后转博士祭酒。太康九年(公元288年)病逝,谥曰定公。

附录一：

三国志·魏书·陈思王植传

陈思王植字子建。年十岁余，诵读诗论及辞赋数十万言，善属文。太祖尝视其文，谓植曰："汝倩人邪？"植跪曰："言出为论，下笔成章，顾当面试，奈何倩人？"时邺铜爵台新成，太祖悉将诸子登台，使各为赋。植援笔立成，可观，太祖甚异之。性简易，不治威仪。舆马服饰，不尚华丽。每进见难问，应声而对，特见宠爱。建安十六年，封平原侯。十九年，徙封临淄侯。太祖征孙权，使植留守邺，戒之曰："吾昔为顿邱令，年二十三。思此时所行，无悔于今。今汝年亦二十三矣，可不勉与！"植既以才见异，而丁仪、丁廙、杨修等为之羽翼。太祖狐疑，几为太子者数矣。而植任性而行，不自雕励，饮酒不节。文帝御之以术，矫情自饰，宫人左右，并为之说，故遂定为嗣。二十二年，增置邑五千，并前万户。植尝乘车行驰道中，开司马门出。太祖大怒，公车令坐死。由是重诸侯科禁，而植宠日衰。太祖既虑终始之变，以杨修颇有才策，而又袁氏之甥也，于是以罪诛修。植益内不自安。二十四年，曹仁为关羽所围。太祖以植为南中郎将，行征虏将军，欲遣救仁，呼有所敕戒。植醉不能受命，于是悔而罢之。

文帝即王位，诛丁仪、丁廙并其男口。植与诸侯并就国。黄初二年，监国谒者灌均希指，奏"植醉酒悖慢，劫胁使者"。有司请治罪，帝以太后故，贬爵安乡侯。其年改封鄄城侯。三年，立为鄄城王，邑二千五百户。

四年，徙封雍丘王。其年，朝京都。上疏曰：

臣自抱衅归藩，刻肌刻骨，追思罪戾，昼分而食，夜分而寝。诚以天罔不可重离，圣恩难可再恃。窃感《相鼠》之篇，无礼遄死之义，形影相吊，五情愧赧。以罪弃生，则违古贤"夕改"之劝，忍活苟全，则犯诗人"胡颜"之讥。伏惟陛下德象天地，恩隆父母，施畅春风，泽如时雨。是以不别荆棘者，庆云之惠也；七子均养者，尸鸠之仁也；舍罪责功者，明君之举也；矜愚爱能者，慈父之恩也：是以愚臣徘徊于恩泽而不能自弃者也。

前奉诏书，臣等绝朝，心离志绝，自分黄耇无复执珪之望。不图圣诏猥垂齿召，至止之日，驰心辇毂。僻处西馆，未奉阙廷，踊跃之怀，瞻望反仄。谨拜表献诗二篇，其辞曰："于穆显考，时惟武皇，受命于天，宁济四方。朱旗所拂，九土被攘，玄化滂流，荒服来王。超商越周，与唐比踪。笃生我皇，奕世载聪，武则肃烈，文则时雍，受禅炎汉，临君万邦。万邦既化，率由旧则；广命懿亲，以藩王国。帝曰尔侯，君兹青土，奄有海滨，方周于鲁，车服有辉，旗章有叙，济济隽义，我弼我辅。伊予小子，恃宠骄盈，举挂时网，动乱国经。作藩作屏，先轨是堕，做我皇使，犯我朝仪。国有典刑，我削我绌，将置于理，元凶是率。明明天子，时笃同类，不忍我刑，暴之朝肆，违彼执宪，哀予小子。改封兖邑，于河之滨，股肱弗置，有君无臣，荒淫之阙，谁弼予身？茕茕仆夫，于彼冀方，嗟予小子，乃罹斯殃。赫赫天子，恩不遗

物,冠我玄冕,要我朱绂。朱绂光大,使我荣华,剖符授玉,王爵是加。仰齿金玺,俯执圣策,皇恩过隆,祗承怵惕。咨我小子,顽凶是婴,逝惭陵墓,存愧阙廷。匪敢愒德,实恩是恃,威灵改加,足以没齿。昊天罔极,性命不图,常惧颠沛,抱罪黄垆。愿蒙矢石,建旗东岳,庶立毫氂,微功自赎。危躯授命,知足免戾,甘赴江、湘,奋戈吴、越。天启其衷,得会京畿,迟奉圣颜,如渴如饥。心之云慕,怆矣其悲,天高听卑,皇肯照微。"又曰:"肃承明诏,应会皇都,星陈凤驾,秣马脂车。命彼掌徒,肃我征旅,朝发鸾台,夕宿蘭渚。芒芒原隰,祁祁士女,经彼公田,乐我稷黍。爰有樛木,重阴匪息;虽有饛粮,饥不遑食。望城不过,面邑匪游,仆夫警策,平路是由。玄驷蔼蔼,扬镳漂沫;流风翼衡,轻云承盖。涉涧之滨,缘山之隈,遵彼河浒,黄阪是阶。西济关谷,或降或升;騑骖倦路,再寝再兴。将朝圣皇,匪敢晏宁;弭节长骛,指日遄征。前驱举燧,后乘抗旌;轮不辍运,鸾无废声。爰暨帝室,税此西墉;嘉诏未赐,朝觐莫从。仰瞻城阈,俯惟阙廷;长怀永慕,忧心如酲。"帝嘉其辞义,优诏答勉之。

六年,帝东征,还过雍丘,幸植宫,增户五百。太和元年,徙封浚仪。二年,复还雍丘。植常自愤怨,抱利器而无所施,上疏求自试曰:

臣闻士之生世,入则事父,出则事君;事父尚于荣亲,事君贵于兴国。故慈父不能爱无益之子,仁君不能畜无用之臣。夫论德而授官者,成功之君也;量能而受爵者,毕命之臣也。故君无虚授,臣无虚受;虚授谓之谬举,虚受谓之尸禄,诗之"素餐"所由作也。昔二虢不辞两国之任,其德厚也;旦、奭不让燕、鲁之封,其功大也。今臣蒙国重恩,三世于今矣。正值陛下升平之

际，沐浴圣泽，潜润德教，可谓厚幸矣。而窃位东藩，爵在上列，身被轻煖，口厌百味，目极华靡，耳倦丝竹者，爵重禄厚之所致也。退念古之授爵禄者，有异于此，皆以功勤济国，辅主惠民。今臣无德可述，无功可纪，若此终年无益国朝，将挂风人"彼其"之讥。是以上惭玄冕，俯愧朱绂。

方今天下一统，九州晏如，而顾西有违命之蜀，东有不臣之吴，使边境未得脱甲，谋士未得高枕者，诚欲混同宇内以致太和也。故启灭有扈而夏功昭，成克商、奄而周德著。今陛下以圣明统世，将欲卒文、武之功，继成、康之隆，简贤授能，以方叔、召虎之臣镇御四境，为国爪牙者，可谓当矣。然而高鸟未挂于轻缴，渊鱼未悬于钩饵者，恐钓射之术或未尽也。昔耿弇不俟光武，亟击张步，言不以贼遗于君父。故车右伏剑于鸣毂，雍门刎首于齐境，若此二士，岂恶生而尚死哉？诚忿其慢主而陵君也。夫君之宠臣，欲以除患兴利；臣之事君，必以杀身靖乱，以功报主也。昔贾谊弱冠，求试属国，请系单于之颈而制其命；终军以妙年使越，欲得长缨占其王，羁致北阙。此二臣，岂好为夸主而燿世哉？志或郁结，欲逞其才力，输能于明君也。昔汉武为霍去病治第，辞曰："匈奴未灭，臣无以家为！"（固）夫忧国忘家，捐躯济难，忠臣之志也。今臣居外，非不厚也，而寝不安席，食不遑味者，伏以二方未克为念。

伏见先武皇帝武臣宿将，年耆即世者有闻矣。虽贤不乏世，宿将旧卒，犹习战陈，窃不自量，志在效命，庶立毛发之功，以报所受之恩。若使陛下出不世之诏，效臣锥刀之用，使得西属大将军，当一校之队，若东属大司马，统偏舟之任，必乘危蹈险，骋舟奋骊，突刃触锋，为士卒先。虽未能禽权馘亮，庶将虏其雄

率，歼其丑类，必效须臾之捷，以灭终身之愧，使名挂史笔，事列朝策。虽身分蜀境，首悬吴阙，犹生之年也。如微才弗试，没世无闻，徒荣其躯而丰其体，生无益于事，死无损于数，虚荷上位而忝重禄，禽息鸟视，终於白首，此徒圈牢之养物，非臣之所志也。流闻东军失备，师徒小衄，辍食弃餐，奋袂攘衽，抚剑东顾，而心已驰於吴会矣。

臣昔从先武皇帝南极赤岸，东临沧海，西望玉门，北出玄塞，伏见所以行军用兵之势，可谓神妙矣。故兵者不可豫言，临难而制变者也。志欲自效于明时，立功于圣世。每览史籍，观古忠臣义士，出一朝之命，以徇国家之难，身虽屠裂，而功铭著于鼎锺，名称垂于竹帛，未尝不拊心而叹息也。臣闻明主使臣，不废有罪。故奔北败军之将用，秦、鲁以成其功；绝缨盗马之臣赦，楚、赵以济其难。臣窃感先帝早崩，威王弃世，臣独何人，以堪长久！常恐先朝露，填沟壑，坟土未干，而身名并灭。臣闻骐骥长鸣，则伯乐照其能；卢狗悲号，则韩国知其才。是以效之齐、楚之路，以逞千里之任；试之狡兔之捷，以验搏噬之用。今臣志狗马之微功，窃自惟度，终无伯乐、韩国之举，是以于邑而窃自痛者也。

三年，徙封东阿。五年，复上疏求存问亲戚，因致其意曰：

臣闻天称其高者，以无不覆；地称其广者，以无不载；日月称其明者，以无不照；江海称其大者，以无不容。故孔子曰："大哉尧之为君！惟天为大，惟尧则之。"夫天德之于万物，可谓弘广矣。盖尧之为教，先亲后疏，自近及远。其传曰："克明峻德，以亲九族；九族既睦，平章百姓。"及周之文王亦崇厥化，其诗曰："刑于寡妻，至于兄弟，以御于家邦。"是以雍雍穆穆。风人咏之。昔周公吊管、蔡之不咸，广封懿亲以藩屏王室，传曰：

"周之宗盟，异姓为后。"诚骨肉之恩爽而不离，亲亲之义实在敦固，未有义而后其君，仁而遗其亲者也。

伏惟陛下资帝唐钦明之德，体文王翼翼之仁，惠洽椒房，恩昭九族，群后百寮，番休递上，执政不废于公朝，下情得展于私室，亲理之路通，庆吊之情展，诚可谓恕己治人，推惠施恩者矣。至于臣者，人道绝绪，禁锢明时，臣窃自伤也。不敢过望交气类，修人事，叙人伦。近且婚媾不通，兄弟乖绝，吉凶之问塞，庆吊之礼废，恩纪之违，甚于路人，隔阂之异，殊于胡越。今臣以一切之制，永无朝觐之望，至于注心皇极，结情紫闼，神明知之矣。然天实为之，谓之何哉！退唯诸王常有戚戚具尔之心，原陛下沛然垂诏，使诸国庆问，四节得展，以叙骨肉之欢恩。全怡怡之笃义。妃妾之家，膏沐之遗，岁得再通，齐义于贵宗，等惠于百司，如此，则古人之所叹，风雅之所咏，复存于圣世矣。

臣伏自惟省，无锥刀之用。及观陛下之所拔授，若以臣为异姓，窃自料度，不后于朝士矣。若得辞远游，戴武弁，解硃组，佩青绂，驸马、奉车，趣得一号，安宅京室，执鞭珥笔，出从华盖，入侍辇毂，承答圣问，拾遗左右，乃臣丹诚之至原，不离于梦想者也。远慕鹿鸣君臣之宴，中咏常棣匪他之诚，下思伐木友生之义，终怀蓼莪罔极之哀；每四节之会，塊然独处，左右惟仆隶，所对惟妻子，高谈无所与陈，发义无所与展，未尝不闻乐而拊心，临觞而叹息也。臣伏以为犬马之诚不能动人，譬人之诚不能动天。崩城、陨霜，臣初信之，以臣心况，徒虚语耳。若葵藿之倾叶，太阳虽不为之回光，然向之者诚也。窃自比於葵藿，若降天地之施，垂三光之明者，实在陛下。

臣闻文子曰："不为福始，不为祸先。"今之否隔，友于同

忧，而臣独倡言者，窃不原于圣世使有不蒙施之物。有不蒙施之物，必有惨毒之怀，故柏舟有"天只"之怨，谷风有"弃予"之叹。故伊尹耻其君不为尧舜，孟子曰："不以舜之所以事尧事其君者，不敬其君者也。"臣之愚蔽，固非虞、伊，至于欲使陛下崇光被时雍之美，宣缉熙章明之德者，是臣慺慺之诚，窃所独守，实怀鹤立企伫之心。敢复陈闻者，冀陛下傥发天聪而垂神听也。

诏报曰："盖教化所由，各有隆弊，非皆善始而恶终也，事使之然。故夫忠厚仁极草木，则行苇之诗作；恩泽衰薄，不亲九族，则角弓之章刺。今令诸国兄弟，情理简怠，妃妾之家，膏沐疏略，朕纵不能敦而睦之，王援古喻义备悉矣，何言精诚不足以感通哉？夫明贵贱，崇亲亲，礼贤良，顺少长，国之纲纪，本无禁固诸国通问之诏也，矫枉过正，下吏惧谴，以至于此耳。已敕有司，如王所诉。"

植复上疏陈审举之义，曰：

臣闻天地协气而万物生，君臣合德而庶政成；五帝之世非皆智，三季之末非皆愚，用与不用，知与不知也。既时有举贤之名，而无得贤之实，必各援其类而进矣。谚曰："相门有相，将门有将。"夫相者，文德昭者也；将者，武功烈者也。文德昭，则可以匡国朝，致雍熙，稷、契、夔、龙是也；武功烈，则所以征不庭，威四夷，南仲、方叔是矣。昔伊尹之为媵臣，至贱也，吕尚之处屠钓，至陋也，及其见举于汤武、周文，诚道合志同，玄谟神通，当复假近习之荐，因左右之介哉。书曰："有不世之君，必能用不世之臣；用不世之臣，必能立不世之功。"殷周二王是矣。若夫龌龊近步，遵常守故，安足为陛下言哉？故阴阳不和，三光不畅，官旷无人，庶政不整者，三司之责也。疆场骚动，方隅内侵，没

军丧众，干戈不息者，边将之忧也。岂可虚荷国宠而不称其任哉？故任益隆者负益重，位益高者责益深，书称"无旷庶官"，诗有"职思其忧"，此其义也。

　　陛下体天真之淑圣，登神机以继统，冀闻康哉之歌，偃武行文之美。而数年以来，水旱不时，民困衣食，师徒之发，岁岁增调，加东有覆败之军，西有殪没之将，至使蚌蛤浮翔于淮、泗，鼲鼬欢哗于林木。臣每念之，未尝不辍食而挥餐，临觞而搤腕矣。昔汉文发代，疑朝有变，宋昌曰："内有硃虚、东牟之亲，外有齐、楚、淮南、琅邪，此则磐石之宗，原王勿疑。"臣伏惟陛下远览姬文二虢之援，中虑周成召、毕之辅，下存宋昌磐石之固。昔骐骥之于吴阪，可谓困矣，及其伯乐相之，孙邮御之，形体不劳而坐取千里。盖伯乐善御马，明君善御臣；伯乐驰千里，明君致太平；诚任贤使能之明效也。若朝司惟良，万机内理，武将行师，方难克弭。陛下可得雍容都城，何事劳动銮驾，暴露于边境哉？

　　臣闻羊质虎皮，见草则悦，见豺则战，忘其皮之虎也。今置将不良，有似于此。故语曰："患为之者不知，知之者不得为也。"昔乐毅奔赵，心不忘燕；廉颇在楚，思为赵将。臣生乎乱，长乎军，又数承教于武皇帝，伏见行师用兵之要，不必取孙、吴而闇与之合。窃揆之于心，常原得一奉朝觐，排金门，蹈玉陛，列有职之臣，赐须臾之问，使臣得一散所怀，摅舒蕴积，死不恨矣。

　　被鸿胪所下发士息书，期会甚急。又闻豹尾已建，戎轩鸾驾，陛下将复劳玉躬，扰挂神思。臣诚竦息，不遑宁处。原得策马执鞭，首当尘露，撮风后之奇，接孙、吴之要，追慕卜商起予左右，效命先驱，毕命轮毂，虽无大益，冀有小补。然天高听远，情不

上通，徒独望青云而拊心，仰高天而叹息耳。屈平曰："国有骥而不知乘，焉皇皇而更索！"昔管、蔡放诛，周、召作弼；叔鱼陷刑，叔向匡国。三监之衅，臣自当之；二南之辅，求必不远。华宗贵族，藩王之中，必有应斯举者。故传曰："无周公之亲，不得行周公之事。"唯陛下少留意焉。

近者汉氏广建藩王，丰则连城数十，约则飨食祖祭而已，未若姬周之树国，五等之品制之。若扶苏之谏始皇，淳于越之难周青臣，可谓知时变矣。夫能使天下倾耳注目者，当权者是矣，故谋能移主，威能慑下。豪右执政，不在亲戚；权之所在，虽疏必重，势之所去，虽亲必轻，盖取齐者田族，非吕宗也。分晋者赵、魏，非姬姓也。唯陛下察之。苟吉专其位，凶离其患者，异姓之臣也。欲国之安，祈家之贵，存共其荣，没同其祸者，公族之臣也。今反公族疏而异姓亲，臣窃惑焉。

臣闻孟子曰："君子穷则独善其身，达则兼善天下。"今臣与陛下践冰履炭，登山浮涧，寒温燥湿，高下共之，岂得离陛下哉？不胜愤懑，拜表陈情。若有不合，乞且藏之书府，不便灭弃，臣死之后，事或可思。若有豪氂少挂圣意者，乞出之朝堂，使夫博古之士，纠臣表之不合义者。如是，则臣原足矣。帝辄优文答报。

其年冬，诏诸王朝六年正月。其二月，以陈四县封植为陈王，邑三千五百户。植每欲求别见独谈，论及时政，幸冀试用，终不能得。既还，怅然绝望。时法制，待藩国既自峻迫，寮属皆贾竖下才，兵人给其残老，大数不过二百人。又植以前过，事事复减半，十一年中而三徙都，常汲汲无欢，遂发疾薨，时年四十一。遗令薄葬。以小子志，保家之主也，欲立之。初，植登鱼山，临东阿，喟然有终焉之心，遂营为墓。子志嗣，徙封济北王。景初

中诏曰："陈思王昔虽有过失，既克己慎行，以补前阙，且自少至终，篇籍不离于手，诚难能也。其收黄初中诸奏植罪状，公卿已下议尚书、秘书、中书三府、大鸿胪者皆削除之。撰录植前后所著赋颂诗铭杂论凡百馀篇，副藏内外。"志累增邑，并前九百九十户。

评曰：任城武艺壮猛，有将领之气。陈思文才富艳，足以自通后叶，然不能克让远防，终致携隙。传曰"楚则失之矣。而齐亦未为得也"，其此之谓欤！

附录二：

曹植年表

【汉献帝初平三年（公元192年） 曹植生】

曹植，字子建，曹操第四子，曹丕同母弟。
曹操领兖州牧，上表陈损益。

《三国志·魏书·武帝纪》："三年春，太祖军顿丘。（于）毒等攻东武阳，太祖乃引兵西入山，攻毒等本屯……又击匈奴于夫罗于内黄，皆大破之。夏四月，……青州黄巾众百万入兖州……（鲍）信乃与州吏万潜等至东郡迎太祖领兖州牧，遂进兵击黄巾于寿张东……。"

《三国志·魏书·武帝纪》："夏四月，司徒王允与吕布共杀（董）卓。卓将李傕、郭汜等杀允攻布，布败，东出武关，傕等擅朝政。"所以曹植自云"生乎乱"也。

《三国志·魏书·武帝纪》："追黄巾至济北乞降。冬，受降卒三十馀万，男女百馀万口，收其精锐者，号为青州兵。"何焯曰："魏武之强自此始。"

曹 植

【初平四年癸酉（公元193年） 曹植二岁】

曹操击袁术，攻陶谦。

《三国志·魏书·武帝纪》："四年春，军鄄城，……术使将刘详屯匡亭，太祖击详，术救之。与战，大破之，术退保封邱。遂围之，未合，术走襄邑。追到太寿，决渠水灌城，走宁陵。又追之，走九江。夏，太祖还军定陶……秋，太祖征陶谦，下十余城，谦守（徐州）城不敢出。"

【兴平元年甲戌（公元194年） 曹植三岁】

曹操征陶谦，击刘备，攻吕布。曹操的父亲曹嵩为陶谦所害。

《三国志·魏书·武帝纪》："兴平元年春，太祖自徐州还……夏……复征陶谦，拔五城，遂略地至东海，还过郯。谦将曹豹与刘备屯郯，东要太祖。太祖击破之，遂攻拔襄贲，……（吕）布到攻鄄城，不能下，西屯濮阳。太祖……遂进军攻之。……秋九月，太祖还鄄城……冬十月，太祖至东阿。"

《三国志·魏书·武帝纪》："初，太祖父嵩去官后还谯。董卓之乱，避乱琅琊，为陶谦所害。"

【兴平二年己亥（公元195年） 曹植四岁】

曹操攻吕布，拜兖州牧，上书。

《三国志·魏书·武帝纪》："二年春，袭定陶……夏，布将薛兰、李封屯巨野，太祖……大破之，布夜走，太祖复攻拔定陶……布使其弟超将家属保雍丘。秋八月，围雍丘。冬十月，天子拜太祖兖州牧。……兖州平，遂东略陈地。"

【建安元年丙子（公元 196 年）　曹植五岁】

曹操为建德将军，迁镇东将军，封费亭侯，领司隶校尉，录尚书事，封武平侯，拜司空，行车骑将军。作书遗许攸，上表荐糜竺，下令置屯田。

《三国志·魏书·武帝纪》："建安元年春正月，太祖军临武平……二月……天子拜太祖建德将军。夏六月，迁镇东将军，封费亭侯。秋七月，杨奉、韩暹以天子还洛阳，奉别屯梁。太祖遂至洛阳，卫京都。暹遁走。天子假太祖节钺，录尚书事。洛阳残破，董昭等劝太祖都许。九月，车驾出轘辕而东，以太祖为大将军，封武平侯……冬十月，公征奉，奉南奔袁术，遂攻其梁屯，拔之……以大将军让绍，天子拜公司空，行车骑将军。……是岁用枣祗、韩浩等议，始兴屯田。"

【建安二年丁丑（公元 197 年）　曹植六岁】

曹操败于张绣，长子曹昂战死。东征袁术，南攻刘表，擒其将邓济。作书与吕布及荀彧。

《三国志·魏书·武帝纪》："二年春正月，公到宛，张绣降，既而悔之，复反。公与战，军败，为流矢所中，长子昂、弟子安民遇害。……公乃引兵还舞阴，绣将骑来钞，公击破之……遂还许。……冬十一月，公自南征至宛。表将邓济据湖阳，攻拔之，生擒济，湖阳降。攻舞阴，下之。"

【建安三年戊寅（公元 198 年）　曹植七岁】

曹操围张绣，征吕布。作书与荀彧，又为徐宣议刘矫下令。

《三国志·魏书·武帝纪》："春正月，公还许……三月，公围张绣于穰……秋七月，公还许……九月，公东征（吕）布。冬十月，屠彭城，获其相侯谐，进至下邳。"

【建安四年己卯（公元 199 年）　曹植八岁】

曹操攻袁绍，作《蒿里行》。

《三国志·魏书·武帝纪》："春二月，公还至昌邑。张杨将杨丑杀杨，眭固又杀丑，以其众袁绍将进军攻许，公进军黎犬。夏四月，进军临河……公遂济河，围射犬……还军敖仓……秋八月，公进军黎阳……九月，公还许……十二月公军官渡。袁术病死。""刘备至下邳，遂杀徐州刺史车胄，举兵屯沛。"

阮瑀入魏。

《金缕子》："刘备叛走，曹操使阮瑀为书与备。"刘备离开曹操时，阮瑀已入操幕府。

【建安五年庚辰（公元 200 年）　曹植九岁】

曹操击刘备，破袁绍。

《三国志·魏书·武帝纪》："春正月……东击备，破之……备将关羽屯下邳，复进攻之，羽降……公还官渡绍卒不出……四月……公乃引军兼行，趋白马……公勒兵驻营南阪下……再战悉禽，绍军大震，公还军官渡……绍众大溃。绍及谭弃军走。"

刘桢入魏。

谢灵运《拟魏太子邺中集诗》："北渡黎阳津。"是曹操战袁绍时，刘桢入操幕府。

应玚入魏。

谢灵运《拟魏太子邺中集诗》:"官度厕一卒。"可证。

【建安六年辛巳（公元201年） 曹植十岁】

曹操击袁绍，征刘备。

《三国志·魏书·武帝纪》："六年夏四月，扬兵河上，击绍仓亭军，破之。绍归，复收散卒攻定诸叛郡县。九月，公还许。绍之未破也，使刘备略汝南，汝南贼共都等应之；遣蔡扬击都不利，为都所破。公南征备，备闻公自行，走奔刘表。都等皆散。"

曹植天资聪颖，喜爱文学。

《三国志·魏书·陈思王植传》："年十岁余，诵读诗、论及辞赋数十万言，善属文。"

【建安七年壬午（公元202年） 曹植十一岁】

曹操至谯，下令。至黎阳，败袁谭、袁尚。

《三国志·魏书·武帝纪》："七年春正月，公军谯，令曰……进军官渡。绍自军破后，发病呕血，夏五月死，小子尚代。谭自号车骑将军，屯黎阳。秋九月，公征之，连战。谭、尚数败退，固守。"

【建安八年癸未（公元203年） 曹植十二岁】

曹操还许昌，作《败军令》《论吏士行能令》及《修学令》。

《三国志·魏书·武帝纪》："八年春三月，攻其郭，乃出战击，大破之，谭、尚夜遁。夏四月，进军邺。五月，公还许，留贾信屯黎阳。己酉，令曰……秋七月，令曰……八月，公征刘表，军西平。公之去邺而南也，谭、尚争冀州，谭为尚所败，走保平原。

尚攻之急，谭遣辛毗乞降请救，诸将皆疑，荀攸劝公许之，公乃引军还。……尚闻公北，乃释平原还邺。"

【建安九年甲申（公元204年）　曹植十三岁】

曹操破袁尚，入邺城，自兼冀州牧，家眷随其迁居邺城并安定下来。

《三国志·魏书·武帝纪》："九年春正月，济河，遏淇水，入白沟，以通粮道。二月，尚复攻谭，留苏由、审配守邺。公进军到洹水，由降。既至，攻邺，为土山地道。武安长伊楷屯毛城，通上党粮道。夏四月，留曹洪攻邺，公自将击楷，破之而还。尚将沮鹄守邯郸，又击拔之……八月，审配兄子荣，夜开所守城东门内兵。配逆战败，生擒配，斩之。邺定，家属迁居邺。公临祀绍墓，哭之流涕。慰劳绍妻，还其家人宝物，赠杂缯絮廪食之。……九月，令曰……"

陈琳入魏归曹操，为司空军谋祭酒，徙门下督。

【建安十年乙酉（公元205年）　曹植十四岁】

曹操征袁谭，攻南皮，追杀袁谭，平定冀州。曹植随军出征。

《三国志·魏书·武帝纪》："十年春正月，攻谭，破之，斩谭，诛其妻子。冀州平，下令曰……三郡乌丸攻鲜于辅于犷平。秋八月，公征之，……乌丸奔走出塞。九月，令曰……冬十月，公还邺。"

【建安十一年丙戌（公元206年）　曹植十五岁】

曹操征高幹，作《苦寒行》。

《三国志·魏书·武帝纪》："初袁绍以甥高干，领并州牧，公之拔邺，干降，遂以为刺史。干闻公讨乌丸，乃以州叛，执上党太守，举兵守壶关口。遣乐进、李典击之，干还守壶关城。十一年春正月，公征干。干闻之，乃留其别将守城，走入匈奴，求救于单于，单于不受。公围壶关，三月拔之。干遂走荆州，上洛都尉王琰捕斩之。秋八月，公东征海贼管承，至淳于。遣乐进、李典击破之，承走入海岛。"

曹植从征。

《求自试表》中"臣昔从先武皇帝……东临沧海"即指此行。

【建安十二年丁亥（公元207年） 曹植十六岁】

曹操北征三郡乌丸，斩袁尚、袁熙。

《三国志·魏书·武帝纪》："十二年春二月，公自淳于还邺。丁酉，令曰……将北征三郡乌丸。……夏五月，至无终。秋七月……引军出卢龙塞……经白檀，历平冈，涉鲜卑庭，东指柳城。未至二百里，虏乃知之。……八月，登白狼山，卒与虏遇。……乃纵兵击之，使张辽为先锋，虏众大崩。……九月，公引兵自柳城还，（公孙）康即斩尚、熙……十一月，至易水。"

曹植随父出征。

《求自试表》中"臣昔从先武皇帝……北出玄塞"即指此行。

徐干入魏。

《三国志·魏书·王粲传》："干为司空军谋祭酒掾属。"

【建安十三年戊子（公元208年） 曹植十七岁】

曹操自为丞相，南征败于赤壁。

《三国志·魏书·武帝纪》:"十三年春正月,公还邺。作玄武池以肆舟师。汉罢三公官,置丞相、御史大夫。夏六月,以公为丞相。……秋七月,公南征刘表。八月,表卒,其子琮代屯襄阳,刘备屯樊。九月,公到新野,琮遂降。备走夏口,公进军江陵,下令荆州吏民,与之更始。……十二月,孙权为备攻合肥,公自江陵征备,至巴丘,遣张熹救合肥。权闻熹至,乃走。公至赤壁,与备战不利。于是大疫,吏士多死者,乃引军还。"

曹植随军出征。

《求自试表》中"臣昔从先武皇帝……南极赤岸"即指此行。

王粲入魏。

《三国志·魏书·王粲传》:"表卒,粲劝表子琮令归太祖。太祖辟为丞相掾,赐爵关内侯。"

孔融死。

《三国志·魏书·崔琰传》裴注引《魏氏春秋》:"十三年,融对孙权使有讪谤之言,坐弃市。"

《后汉书·孔融传》:"曹操既积嫌忌,而郗虑复构成其罪,遂令丞相军谋祭酒路粹枉状奏融。书奏,下狱弃市。"

【建安十四年己丑(公元209年)　曹植十八岁】

曹操治水军。

《三国志·魏书·武帝纪》:"十四年春三月,军至谯。作轻舟,治水军。秋七月,自涡入淮,出肥水,军合肥。……十二月军还谯。"

曹植作《浮淮赋》。疑从征。

【建安十五年庚寅（公元210年）　曹植十九岁】

曹操作《求贤令》及《让县自明本志令》，建铜雀台。

《三国志·魏书·武帝纪》："十五年春，下令曰：'自古受命及中兴之君，曷尝不得贤人君子与之共治天下者乎！及其得贤也，曾不出闾巷……今天下得无有被褐怀玉而钓于渭滨者乎？又得无盗嫂受金而未遇无知者乎？二三子其佐我明扬仄陋，唯才是举，吾得而用之。'……冬作铜雀台。"

【建安十六年辛卯（公元211年）　曹植二十岁】

曹操征马超，曹植抱病从征。

《三国志·魏书·武帝纪》："马超遂与韩遂、杨秋、李堪、成宜等叛……秋七月，公征西……九月，进军渡渭……大破之，斩成宜、李堪等。遂、超等走凉州，杨秋奔安定，关中平……冬十月，军自长安北征杨秋，围安定，秋降，复其爵位，使留抚其民人。十二月，自安定还，留夏侯渊屯长安。"

曹丕《感离赋》："建安十六年，上征西，余居守，老母诸弟皆从。"

曹植被封为平原侯，食邑五千户。

《三国志·魏书·陈思王植传》："建安十六年，封平原侯。"

曹植作有《离思赋》《述行赋》及《离友诗》。

【建安十七年壬辰（公元212年）　曹植二十一岁】

曹操征孙权，曹植随父出征。

《三国志·魏书·武帝纪》："十七年春正月，公还邺。……冬

十月，公征孙权。"

曹植同众兄弟作《登台赋》。

曹丕《登台赋序》："建安十七年春，上游西园，登铜雀台，命余兄弟并作。"

《三国志·魏书·陈思王植传》："时邺铜雀台新成，太祖悉将诸子登台，使各为赋。植援笔立成，可观，太祖甚异之。"

曹植亦作《光禄大夫荀侯诔》《寡妇赋》等。

【建安十八年癸巳（公元213年）　曹植二十二岁】

曹操凿利漕渠，自立为魏公，加九锡。

《三国志·魏书·武帝纪》："十八年春正月，进军濡须口，攻破权江西营……夏四月至邺。五月，天子策命公为魏公。……秋七月始建魏社稷宗庙。天子聘公三女为贵人，少者待年于国。以冀州之河东、河内、魏都、赵国、中山、常山、钜鹿、安平、甘陵、平原凡十郡封君为魏公。九月，作金虎台。"

曹丕《临涡赋序》："上建安十八年至谯，余兄弟从上拜坟墓，遂乘马游观东园，遵涡水，相佯乎高树之下。"曹植亦当偕游。

曹植作《叙愁赋》。

【建安十九年甲午（公元214年）　曹植二十三岁】

曹操征孙权，弑伏皇后。

《三国志·魏书·武帝纪》："秋七月，公征孙权……十一月汉皇后伏氏……伏法。十二月，公至孟津。天子命公置旄头，宫殿设钟虡。"

曹植徙封临淄侯，留守邺城，作《东征赋》。

《三国志·魏书·陈思王植传》："十九年，徙封临菑侯。太祖征孙权，使植留守邺，戒之曰：'吾昔为顿邱令，年二十三。思此时所行，无悔于今。今汝年亦二十三矣，可不勉与！'植既以才见异，而丁仪、丁廙、杨修等为之羽翼。太祖狐疑，几为太子者数矣。"

《东征赋》："建安十九年，王师东征吴寇。余典禁兵，卫宫省。然神武一举，东夷必克，想见振旅之盛，故作赋一篇。"

【建安二十年乙未（公元215年） 曹植二十四岁】

曹操平陇右，击刘备，曹植从行。

《三国志·魏书·武帝纪》："三月，公西征张鲁，至陈仓，将自武都入氐……夏四月，公自陈仓以出散关，至河池……秋七月，公至阳平……公军入南郑，尽得鲁府库珍宝，巴汉皆降……十一月，鲁自巴中将其余众降……刘备袭刘璋，取益中，遂据巴中，遣张郃击之。十二月，公自南郑还，留夏侯渊屯汉中。"

《求自试表》中的"西望玉门"盖指此役。

曹植作《赠丁仪王粲》诗《述行赋》。

【建安二十一年丙申（公元216年） 曹植二十五岁】

曹操进爵为魏王，又征吴。

《三国志·魏书·武帝纪》："二十一年春二月，公还邺……夏五月，天子进公爵为魏王……冬十月治兵，遂征孙权。"

曹植作《宝刀赋》《宝刀铭》及《与杨德祖书》。

【建安二十二年丁酉（公元217年）　曹植二十六岁】

曹魏军队整军修养。

《三国志·魏书·武帝纪》："二十二年春正月，王军居巢。二月进军屯江西郝谿……三月，王引军还。"

王粲、徐幹、陈琳、应玚、刘桢卒。

《三国志·魏书·王粲传》："二十二年春，道病卒。幹、琳、玚、桢二十二年卒。"

曹丕《与吴质书》："昔年疾疫，亲故多离其灾。徐、陈、应、刘一时俱逝，痛可言邪？"

曹丕被立为太子。

《三国志·魏书·武帝纪》："冬十月，以五官中郎将丕为魏太子。"

《三国志·魏书·贾诩传》："是时文帝为五官中郎将，而临淄侯植才名方盛，各有党羽，有夺宗之议。文帝使人问诩自固之术。诩曰：'愿将军恢崇德度，躬素士之业，朝夕孜孜，不违子道，如此而已。'文帝从之，深自砥砺。太祖又尝屏除左右问诩，诩默然不对。太祖曰：'与卿言而不答，何也？'诩曰：'属适有所思，故不即对耳。'太祖曰：'何思？'诩曰：'思袁本初、刘景升父子也。'太祖大笑。于是太子遂定。"

曹植在立嗣之争中失败，作《说疫气》《王仲宣诔》。

《三国志·魏书·陈思王植传》："二十二年，增植邑五千，并前万户。植尝乘车行驰道中，开司马门出。太祖大怒，公车令坐死。由是重诸侯科禁，而植宠日衰。"

【建安二十三年戊戌（公元218年）　曹植二十七岁】

曹操征刘备。

《三国志·魏书·武帝纪》："正月，汉太医令吉本与少府耿纪、司直韦晃等反，攻许……秋七月，治兵，遂西征刘备。九月至长安。"

曹植作《侍太子坐》诗、《曹仲雍哀辞》。

【建安二十四年己亥（公元219年）　曹植二十八岁】

曹操攻刘备，立卞氏为王后。

《三国志·魏书·武帝纪》："三月，王自长安出斜谷，军遮要以临汉中，遂至阳平。备因险据守。……秋七月，以夫人卞氏为王后……冬十月……王自洛阳南征羽……王军摩陂。"

曹植奉命以南中郎将行征虏将军救曹仁，醉酒不能行。

《三国志·魏书·陈思王植传》："二十四年，曹仁为关羽所围。太祖以植为南中郎将，行征虏将军，欲遣救仁，呼有所敕戒。植醉不能受命，于是悔而罢之。"

注引《魏氏春秋》："植将行，太子饮焉，逼而醉之。王召植，植不能受王命，故王怒也。"

【建安二十五年庚子（延康元年、黄初元年）（公元220年）　曹植二十九岁】

正月，曹操去世，葬于高陵。曹丕即王位。

《三国志·魏书·武帝纪》："春正月，至洛阳。庚子，王崩于洛阳。二月丁卯，葬于高陵。"

三月，曹丕将献帝的年号由建安改为延康。下令众兄弟离开邺城，到封地就国。在此期间，曹丕杀了丁仪、丁廙及其家中男子。

《三国志·魏书·文帝纪》："嗣位为丞相、魏王。改建安二十五年为延康元年。"

《三国志·魏书·陈思王植传》："文帝即王位，诛丁仪、丁廙，并其男口。植与诸侯并就国。"

十月，曹丕废汉称帝，改延康元年十一月为黄初元年十一月。

《三国志·魏书·文帝纪》："冬十月庚午，王升坛即阼，百官陪位。事讫降坛，是燎成礼而反。改元康为黄初。"

曹植作《武帝诔》《上庆文帝受禅表》《魏德论》《喜霁赋》《制命宗圣侯孔羡奉家祀碑》。

【黄初二年辛酉（公元221年）　曹植三十岁】

曹植贬爵安乡侯，不久又改为鄄城侯。作《写灌均上事令》《谢初封安乡侯表》等。

《三国志·魏书·陈思王植传》："黄初二年，监国谒者灌均希指，奏'植醉酒悖慢，劫胁使者'。有司请治罪，帝以太后故，贬爵安乡侯。其年改封鄄城侯。"

【黄初三年壬寅（公元222年）　曹植三十一岁】

曹植为鄄城王，上表称谢，作《杂诗》六首。

《三国志·魏书·文帝纪》："夏四月戊申，立鄄城侯植为鄄城王。"

《三国志·魏书·陈思王植传》："三年，立为鄄城王，邑二千五百户。"

【黄初四年癸卯（公元 223 年）　曹植三十二岁】

曹植徙封雍丘王，朝京师，上表献《责躬》《应诏》诗，又作《赠白马王彪》《洛神赋》《请赴元正表》及《任城王诔》。

《三国志·魏书·陈思王植传》："四年，徙封雍丘王。其年，朝京都。"

《文选·洛神赋序》："黄初三年，余朝京师。"李善注："《魏志》及诸诗序并云四年朝，此作三年，误。"

《文选·赠白马王彪诗》李善注引曹植集："黄初四年五月，白马王、任城王与余俱朝京师，会节气。"

【黄初五年甲辰（公元 224 年）　曹植三十三岁】

曹植作《黄初五年令》。

还作有《上先帝赐铠表》《献文帝马表》《上银鞍表》，三表俱残缺。

【黄初六年乙巳（公元 225 年）　曹植三十四岁】

十二月，曹丕东征，还过雍丘，驾临曹植的府邸。

《三国志·魏书·文帝纪》："十二月，行自谯过梁。"

《三国志·魏书·陈思王植传》："六年，帝东征，还过雍丘，幸植宫，赠户五百。"

曹植作《黄初六年令》。

【黄初七年丙午（公元226年）　曹植三十五岁】

曹丕筑九华台，立曹叡为太子。曹丕病重去世，安葬在首阳陵。

《三国志·魏书·文帝纪》："三月，筑九华台。夏五月丙辰，帝疾笃。丁巳，帝崩于嘉福殿。"

曹植作《文帝诔》。

曹叡即皇帝位，大赦天下。

【太和元年丁未（公元227年）　曹植三十六岁】

曹植徙封浚仪。

《三国志·魏书·陈思王植传》："太和元年，徙封浚仪。"

【太和二年戊申（公元228年）　曹植三十七岁】

曹植又改封雍丘，上《求自试表》，作《喜雨诗》。

《三国志·魏书·陈思王植传》："二年，复还雍丘。植常自愤怨，抱利器而无所施，上疏求自试。"

【太和三年己酉（公元229年）　曹植三十八岁】

曹植转封东阿王。

《三国志·魏书·陈思王植传》："三年，徙封东阿。"

此年作《转封东阿王谢表》《迁都赋序》《迁都赋》。

【黄初四年庚戌（公元230年）　曹植三十九岁】

曹植生母卞太后去世，曹植作《卞太后诔》。

《三国志·魏书·明帝纪》:"四年,六月戊子,太皇太后崩。秋七月,武宣卞太后祔葬于高陵。"

《魏略》:"陈思王精意著作,食饮损减,得反胃病。"《太平御览》卷三百七十六引。

《广宏明集》:"植每读佛经,辄流连嗟玩。以为至道之宗极也。遂制转读七声,升降曲为之响,故世之讽咏感弘章焉。尝游鱼山,闻空中梵音之赞,乃摹而传于后。"

【太和五年辛亥(公元231年) 曹植四十岁】

皇子曹殷出生,曹植作《皇子生颂》。

《三国志·魏书·明帝纪》:"秋七月乙酉,皇子殷生。"

曹植写《求通亲亲表》上书明帝。明帝下诏后,再写《陈审举表》上书明帝。八月,曹叡答应请诸王朝觐会节气。

《三国志·魏书·陈思王植传》:"五年,复上疏求存问亲戚,因致其意。"

《三国志·魏书·明帝纪》:"八月,诏曰:'古者诸侯朝聘,所以敦睦亲亲,协和万国也。先帝著令,不欲使诸王在京都者,谓幼主在位,母后摄政,防微杜渐,关诸盛衰也。朕惟不见诸王十有二载,悠悠之怀,能不兴思!其令诸王及宗室公侯各将适子一人朝。'"

《三国志·魏书·陈思王植传》:"其年冬,诏诸王朝。"

魏明帝手诏曹植:"王颜色瘦弱,何意耶?腹中调和否?今者食几许米,又啖肉多少?见王瘦,吾惊甚,宜节水加餐。"《太平御览》卷三百七十八引。

曹植作《谢入觐表》《谢赐食表》《谢周观表》《谢赐柰

表》，作《冬至献袜履颂》《请赴元正表》。

【太和六年壬子（公元232年） 曹植四十一岁】

曹植改封为陈王。

《三国志·魏书·明帝纪》："春二月，诏曰：'其改封诸侯王，皆以郡为国。'"

《三国志·魏书·陈思王植传》："二月，以陈四县封植为陈王，邑三千五百户。"

曹植作《改封陈王谢恩章》《谏伐辽东表》。

十一月，曹植因病而终，葬于东阿鱼山。

《三国志·魏书·陈思王植传》："十一月庚寅，陈思王植薨。"

《三国志·魏书·陈思王植传》："植每欲求别见独谈，论及时政，幸冀试用，终不能得。既还，怅然绝望。时法制待藩国既自峻迫，僚属皆贾竖下才，兵人给其残老，大数不过二百人。又植以前过，事事复减半，十一年中而三徙都，常汲汲无欢，遂发疾薨，时年四十一。"

曹植的儿子曹志嗣位。

《三国志·魏书·陈思王植传》："以小子志保家之主也，欲立之。子志嗣。"

《晋书·曹志传》："志字允恭。陈思王植孽子，立以为嗣。"